天に何を祈りますか?

池 和芳
Ike Kazuyoshi

天理教道友社

天に何を祈りますか?

目次

第一章　天然自然の変わらぬ営み

第二章 移ろう季節の中で

第三章 「世界の鏡」に映るもの

第四章 神のふところに抱かれて

第一章

天然自然の変わらぬ営み

わが子を愛するように

最近のことだ。同窓会で、私が天理教の教会長であると知っている先輩から、「君は以前、自分の息子のアトピーがひどいのを心配していたなあ。しかし、自分の息子のことを心配するようでは宗教家とは言えまい。自分の息子はどうであろうと、人の幸せを願うものではないのか」という意見を頂いた。

その方は、私の息子が生まれて間もなく、ひどいアトピーを患い、幼稚園へ行くようになってからは、重い喘息《ぜんそく》で苦しんだことを知っていたのだ。おかげさまで、十八歳になる息子は、いまでは元気に高校で寮生活を送っている。

その意見がしばらく気にかかっていた。

◇

それで思い出したことがある。

息子が子どものころ、夏休みに新潟の親元に帰っているときだった。喘息のひどい発作が出て、幾日も続くことがあった。横になっては咳《せき》が出ると苦しいので、私が横たえた身体《からだ》に凭《もた》れてうとうとしていた。

そんなとき、父から用を言いつけられた。

「Tさんはどうしているか。今度の教会の行事には、ぜひ出かけてもらえるよう話しに行ってきなさい」

Tさんのところまでは自転車で一時間はかかる。真夏の炎天下だった。

あのときの父の心中はどうだったのだろうか。道中、あれこれ考えを巡らせた。

「わが子にばかりかまけていないで、人さまにたすかっていただくよう、喜んでいただけるように努めよ。『人をたすけてわが身たすかる』と教えていただいているではないか」

それが父の言外の諭しだったのかもしれない。

◇

天理教では、

せかいぢういちれつわみなきよたいや
たにんとゆうわさらにないぞや
（おふでさき　十三号43）

と教えられる。人間はみな親神様の子ども、私たちはお互い兄弟であり姉妹である。人間が兄弟姉妹としての真実に目覚め、たすけ合って明るく陽気に暮らす姿を、親神様は楽しみにお待ちくだされている。

わが子を愛さない人はいない。子どものためなら自分はどうなっても、と思うほどだ。

わが子といえども、ともに親神様を元の親と仰ぐ兄弟。それも、最も身近な兄弟。いわば、兄弟の中の兄弟だ。

親神様は、人間にわが子を慈《いつく》しむ愛を覚えさせ、それを手本に、広く人に愛を及ぼし、互いにたすけ合いなさい、と教えられているように思うのだ。

強《し》いていえば、わが子に対して限りない愛を覚えることがなければ、人を愛し、たすけ合うことはできないのではないか。

ちょっと考えると、

「わが子はどうであれ、広く人の幸せを」

というほうが普遍《ふへん》的な愛を感じさせるように聞こえる。しかし、人間は親子の関係において初めて、愛を覚え、愛を学ぶのではないだろうか。

「わが子を慈しむように、広く人の幸せを祈る」

親子の関係は「一れつ兄弟」の自覚を育《はぐく》む学校と言えるのではないか。

家庭で育つやさしい心

もう二十年以上も前に出会った、いつも心穏《おだ》やかな、心やさしい青年のことを、いまもよく思い出す。

その青年の運転する車に乗せてもらったときのこと。急発進、急ハンドル、急停車を慎《つつし》み、同乗者にやさしいだけではない。行き交《か》う車にも、実に行き届いた心配りをするのだ。時には無謀《むぼう》な車もある。不意に飛び出してくる人もいる。そんなことはない、と思い込むのではなく、絶えず周囲に心を配っている。そして、どんなことが起こっても、いつもやさしく相手を許す。

運転だけではない。その若者の言葉の一つひとつ、仕草《しぐさ》の一つひとつに思いやりが感じられ、一緒にいると、そのやさしさに包み込まれてほのぼのとする。

人はハンドルを握ると性格がまともに現れるともいうが、私はといえば、助手席の家内から注意されることしきり。きっと周囲の車にも多大な迷惑をかけていることだろう。

◇

一月下旬のある日、伝えられていた「暖冬」説をすっかり返上する本格的な寒波が襲来した。猛吹雪《もうふぶき》のなか、新潟空港に到着したものの、予約していた関西空港行きは出発直前に欠航と決まった。

やむなく新潟駅へ急ぎ、新幹線に乗り込んだ。臨時便のためか、車中は混雑もなく、ゆったりしている。

越後湯沢《えちごゆざわ》で「ほくほく線の特急が雪のため遅れていますので、連絡待ちします」とのアナウンス。

しばらくすると、たくさんの人たちが次々と乗り込んできた。私の隣にも、分厚いオーバーを着込んだ女子高校生が座った。とうとう通路もいっぱいになった。列車は動き出した。

　近くにいた中年の婦人が嘆いた。

「特急でもずっと立ちっ放し。これでまた東京まで立ち通しね」

　そのときだった。いま座ったばかりの隣の女子高校生がスッと立って、

「私、ずっと座ってきたんです。どうぞここに座ってください」

「あら、私、大きな声で言ってしまって。大丈夫。どうぞそのまま座っていてください」

「いえ、いいんです。どうぞ」

「じゃあ、ちょっと。悪いわねえ」

　通路に立った女子高校生は、大きなバッグから本を取り出して、立ったまま読み始めた。「……英語」と表紙が読めた。きっとこれから大学受験で上京するのだ。ちらっと見ると、見るからに健康そうな、明るく爽《さわ》やかな乙女《おとめ》だ。

　こんな娘《こ》がいたんだ。嬉《うれ》しくなるとともに、動こうとしなかったわが腰の重さに、ほとほと自己嫌悪《けんお》に陥《おちい》ってしまった。

思いやり、心配り、気づかいは、もともと夫婦や親子など身近な人間関係から、ひとりでに生まれてくるものだろう。そこで育《はぐく》まれたやさしい心が隣人、社会へと及んでいく。

◇

しかし近ごろ、家庭がそうした心を育む役割を急速に失いつつあるように思う。夫婦や親子の絆《きずな》が弱まりつつあるのだ。〝ホテル家族〟などともいわれるが、ただ同じ屋根の下をネグラとしているだけで、食事も別、会話もない。親を親とも思わない子どもはもちろん、最近では子どもを愛せない親も少なくないと聞く。

いったいどうしたのだろうか。

この文明社会は、ものの豊かさと引き換えに、それと気がつかないまま、思いやりのある心を衰えさせてしまったのだろうか。

あの娘、大学合格したかな。

目の前の指一本で

　学生時代、極度の不眠症に続いて、十数年も強迫性神経症で苦しんだことがある。精神が疲れて、すり減っていたのだ。

　何もかも、一つひとつが不確かに思えて不安になる。トーストとコーヒーで朝食を済ませ、下宿を出る。待てよ。ガスのコックを閉めたかな？　気になって戻る。ちゃんと閉まっている。確かめて下宿を出ると、また、気になりだす。コンセントを抜いただろうか？　戻って確かめる。

　再び歩き始めると、今度は鍵《かぎ》をかけたかな？　戻ってガチャガチャ。大丈夫。何歩も歩かないうちに、ほんとうに大丈夫かな？　とまたまた不安になり、また戻る。

結局、確かめているそのときが一番安心しているときで、その場から離れると、途端に不安に襲われる。ばかばかしいと思いながらも、なかなかその場から離れることができない。思いきって離れるが、不安はずっとつきまとい、ふとしたときに思い出しては、またまた不安になる。

◇

この話をしたら、友人は、それは几帳面《きちょうめん》なだけだと慰《なぐさ》めてくれた。しかし、決して几帳面の度が過ぎているのではない。時には、もっと肝心なことをすっかり忘れているのだ。

ガスも電気も鍵も、みんな何度も確かめて出かけたはずなのに、帰ってみれば、なんと窓が開けっぱなしになっているではないか。戸締まりだけではない。過去の苦い経験や失敗を思い出しては、後悔と自己嫌悪《けんお》を何度も何度も繰り返すのだ。

たとえ身は拘束されていても、心は時間と空間を超えて、自由に遊ぶこともできるだろう。しかし、身はとらわれていなくても、心がとらわれていては自由とはいえない。なんとも情けないことだ。

◇

心がとらわれてしまうのは、強迫性神経症を病んでいる人ばかりではない。

目の前に指を一本近づけていく。どんどん視界が暗くなって、ついには指の腹しか見えなくなってしまう。明るい太陽の輝きも、咲き香る花も、山も野原も、すべて見えなくなってしまう。

人間は弱いものだ。何かちょっとしたことにとらわれると、焦《あせ》り、いらだち、不安に襲われ、世界中が真っ暗になってしまったように思う。今日の嵐《あらし》が、いつまでも続くように思ってしまう。

何ごとによらず喜べずに思い悩んでいるときは、きっと心が「とらわれている」ときだ。

そんなときこそ、直面する出来事の背後に広がっている、をやの温かい心を思い起こし、安心してをやのふところに飛び込み、「ふしから芽が出る」この世の真実に生きようと、自分に言い聞かせ、自分を励ますのである。

誰が風を見たでしょう

昨日のこと。暑い日差しの中を歩いていたら、太い煙突《えんとつ》の影が路面に映っている。よく見ると、煙突の周囲から何かがゆらゆらと立ち上っている影も映っている。ところが、顔を上げて煙突を眺《なが》めても煙は出ていない。あれ？　きっと熱くなった煙突から熱気が出ているのだ。青空を背景に煙突を眺めても何も見えないが、熱い空気のゆらぎは影となって路面に映し出されているのだ。

そのとき、子どものころに歌った「誰《だれ》が風を見たでしょう」で始まる歌を思い出した。

誰も風を見たことはない。しかし、木《こ》の葉をふるわせることで、樹立《こだち》が頭をさげることで、風が通りすぎていくことが分かると歌っている。

おそらく、家の中から外を眺めて歌ったのだろう。外にいれば、自分の身体《からだ》も風を感じるだろうから。

この歌、いま歌っても実にいい歌詞、いい曲だと思う。しかし、二十年ほど前に「気象」の授業中、高校生と一緒に歌おうと思ったのだが、残念ながら誰も知らなかった。

◇

ある人が教祖《おやさま》に、「天理王命《てんりおうのみこと》の姿は有るや、と尋ねられますが、如何《いかが》答えてよろしうございましょうか」とお伺いした。これに対して教祖は、

「あるといえばある、ないといえばない。願う心の誠から、見える利益《りやく》が神の姿やで」

と、お聞かせくだされたという（諸井政一《もろいまさいち》『正文遺韻抄』138ページ）。

「この世に神様がいるというなら、その姿を見せてくれ」

と言われたのだろう。

これに対して、

「あるといえばある、ないといえばない」

あるかないか分からない、というのではない。あると思えばあるし、ないと思えばない。どっちとも言えない。そんな頼りないことを仰せになっているのでも断じてない。

神様は厳然としておられる。神様の姿は目には見えない。しかし、私たちが真剣に願えば、その真実を受け取って、必ず働いてくださる。その働きこそ、神様の姿であると仰せくださるのだ。

◇

神様の姿を見せていただけるかどうか。その分かれ目は「願う心の誠」にあると教えられる。神様に受け取っていただけるだけの真実の願い方にあるということだろう。「気は心」「鬼に金棒」というような軽い気持ちでは、真実の願いとは言えない。

むりなねがひはしてくれな

ひとすぢごゝろになりてこい　　　　　　（みかぐらうた　三下り目六ッ）
なんでもこれからひとすぢに
かみにもたれてゆきまする　　　　　　（三下り目七ッ）

また、自分さえ良ければという勝手な願いは、世界中の人間を等しくわが子と慈《いつく》しまれる神様には、聞いてもらえない。

みれバせかいのこゝろにハ
よくがまじりてあるほどに　　　　　　（九下り目三ッ）
よくがあるならやめてくれ
かみのうけとりでけんから　　　　　　（九下り目四ッ）

どうでもたすかっていただきたいと、ひと筋にをやにゝ凭《もた》れる誠の心に、神様は「放っておけん」と思召《おぼしめ》され、お働きくださる。そこにこそ、神様のお姿をありありと実感することができるのだ。

あの月が見えるのは

四日、五日と、十二月の新潟にしては珍しく好天気が続いた。

五日の朝、ある方が言う。

「昨夜の月はなんともきれいで、思わずあちこち電話してみたい気になったほどだ」

見れば、昨夜のお月さまは今朝《けさ》、まだ西の空に残っている。なるほど、まん丸いお月さまだ。冬の澄んだ寒空に見上げる十五夜の月は、どんなに美しかったことだろう。

その方は、なおも続ける。

「あの月は、あるからといって見えるんじゃないんだ」

え？　と思ったが、考えてみれば、なるほどそうだ。

お月さまは、お日さまとちがって、自ら光を放っているわけではない。お月さまは、お日さまの光を反射しているだけなのだと学校で習った。

いまでは宇宙飛行士が月面に降り立っている。たしかにお月さまの表面は冷たい感じだった。

だから、お月さまは実際に空にあっても、お日さまの光を受けなければ、地球上の私たちには見えない。もともと丸いお月さまが、三日月や半月となるのは、お日さまの光を受けた部分だけが見えるからだ。

◇

あっても見えないこともある。あるからといって、必ずしも見えるわけじゃない。

お月さまに限らない。

必死になって探していたものが、ふと目の前にあるのに気がつく。目に入っていたのに、どうしていままで見えなかったのだろうか。そんなことはよくある。

目に見えなければ信じられないという人がいるが、見える世界だけに生きている人は誰《だれ》もいない。

自分がいつ、どこで、誰から生まれたのか、見てきたわけではない。親を信じているからこそ、その大切な出来事を知っているのだ。

今晩、目を閉じるけれども、明日また元気な朝を迎えられると誰もが信じ込んでいる。巡り合った若い二人は、いつまでもその愛が続くものと思っている。いずれも確かな証拠はないのに、信じているのだ。もちろん、そうでなければ生きていけない。

私たちは、見える世界にだけ生きているのではない。見えない世界も確かにあることを知っている。

お日さまがお月さまを照らし出して、その姿を見せてくれるように、普通では見えない世界が、研《と》ぎ澄まされた人間の知恵や感性、愛、神々の御光によって初めて照らし出されるということも、大いにあり得ることではないか。

人生は命がけ

一月下旬、この冬で最も強い寒波がやってきた。雪は降る。嵐《あらし》となる。佐渡《さど》航路も丸一日以上、欠航が続いた。

その夜、どうしても行かねばならないところがあった。

「いまから伺います」

「明日にしたらどうですか。いま出かけたら、道中、命がけですよ」

◇

おそるおそる走っているのに、大きな雪片がフロントガラス目がけて次々と襲ってくる。視界はわずか十メートル。

しばらくやんだと思ったら、今度は地吹雪《じふぶき》。突風で地面の雪があおられて、ゴーと舞い上がる。また視界が消える。

路面は凍り、まるでスケートリンク。こちらがどんなに気をつけていても、対向車が飛び込んできたらおしまいだ。

こんな日はきっと事故で渋滞するだろうと、幹線道路を避けて、田んぼの中の道を選んだのに、みんな考えることは同じ。車は列をなしている。よくもまあ、こんな夜に、こんなにたくさんの車が走っているものだ。

「命がけですよ」

たしかに、あちこちで路肩の雪に突っ込んで身動きがとれなくなっている車が何台もあった。一面真っ白な雪に覆《おお》われて、どこからどこまでが道路なのか分からないのだ。

路肩から落ちて横転したトラックが、無残にも腹を見せて横たわっている。

追突事故の処理にレッカー車がやって来て、作業を始めたら万事休す。後続車は列をなし、処理が終わるまでおとなしく待っているしかない。逃げ道もない。

人生もこんな「命がけ」なのかもしれない。

今夜眠っても、明日の朝、元気に目覚めると信じて疑わない。朝、目覚めたとき、ひょっとしたら静かな今夜を迎えられないかもしれないなどと、不安には思わない。

しかし、確かなのは、いま生きている、ということだけ。

生涯といわず、一日一日といわず、一刻一刻が、暗闇《くらやみ》の中を歩いているようなものだ。どんなに気をつけていても、つまずいたり、ぶつかったり、落ちたりすることはよくある。

考えてみれば、生きるということは常に死を覚悟することであり、命がけなのだ。なんでもない一日一日も、今日まで続いたわが人生も、命がけの連続であり、まさしく奇跡そのものではないか。

しかし、いまの世の中、ほんとうに一寸先は闇で、私たちは命がけで生きなければならないのだろうか。

◇

いまから百六十年以上も前の天保《てんぽう》九年（一八三八年）十月二十六日、時満ちて、暗闇の世に、あかあかと光が灯《とも》された。人間にこの世の真実が明かされ、万人たすかる道が啓《ひら》かれたのである。

この世界はどこまでも親神様の世界。人間の互いにたすけ合う陽気ぐらしを楽しみに、無い人間無い世界をお創《はじ》めくだされ、九億九万九千九百九十九年という長い年限をかけてお育てくだされ、いまも十全の守護をもってお守りくだされている。

私たちは親神様の世界に、親神様のふところに包まれて生きているのだ。一切が神の世界であれば、この世に存在するもの、起きてくる出来事に、神の与《あずか》り知らぬことは何一つない。すべては、私たち一人ひとりを陽気ぐらしへとお導きくださる親心からお見せくださることばかりである。

この世は、命がけで生きなければならない暗闇の世では断じてない。明日をも知れぬつかの間のはかない人生を歩んでいるのではない。

心澄まして真実のをやの声に静かに耳を傾けるとき、どこまでも明るい天理の世界、温かい親心に包まれた何不自由ない世界に生きていることを知る。

目が見える！　字が読める！

だんだんと右眼がかすんできて、電信柱が二重に見える。とうとうどんなにメガネの度を合わせても、運転免許更新の視力検査にすれすれというところまで視力が落ちてしまった。

「白内障です。年齢からいえば、ちょっと早いですが……」

手術してもらった途端、はっきり見える。みんな、こんなにきれいな世界を見ていたんだ！　三年前のことだった。

ところが、昨年の秋ごろから、どうもおかしい。また、だんだんかすみだした。白内障の手術は一度やればいいと聞いていたのに……。そして最近では、とうとう手元の本も新聞の字も、かすんで読みにくくなってしまった。

「後発白内障です。レーザー治療しましょう」

白内障の手術をするとき、水晶体を取り除いて、代わりにプラスチックのレンズを入れる。レンズの収まりがいいように、水晶体の袋のうち、後ろのほうを残しておく。その袋が濁ってくるのだという。

今度は目玉にメスを入れることなく、レーザー光線を当てて水晶体の袋に穴を開ける。ほんの五分ほどで済んだ。

見える。はっきりと見える。白内障の手術をした直後のように。

普段は「科学の進歩が果たして人間を幸せにしたか？」などと、つむじ曲がりの不信感をもっていたが、さすがに鮮やかな技を目の前にして、ただただ脱帽するばかりである。

◇

しかし、よく考えてみると、医療技術もさることながら、もっとすごいことは目が見えるということだ。

生まれて六十年近く、一日も休まず目を使ってきた。まだまだこの先しばらくは使えるだろう。人間が作った道具や機械なら、こんなにも長い間使えまい。目だけではない。耳も口も鼻も手も足も、いろいろの内臓だってそうだ。よくもまあ、こんなに長い間、精巧な働きをし続けてくれたものだ。

身体《からだ》ってすごい。いのちってすばらしい。

◇

精巧なカメラもコンピューターも、それを作った人間がいる。それならば、このうえなく精巧な身体は、いったい誰《だれ》が創《つく》ったのだろうか。

そして無意識のうちに、いのちの営みを見事に統括しながら、整然と進めているのは誰なのか。私たちは決してゼンマイ仕掛けの機械ではない。

このよふのぢいと天とハぢつのをや
それよりでけたにんけんである
（おふでさき　十号54）

にんけんハみな〳〵神のかしものや
なんとをもふてつこているやら
（三号41）

にんけんハみな〳〵神のかしものや
神のぢうよふこれをしらんか
（三号126）

「この世に生《うま》れさせて頂き、日々《にちにち》結構に生活《くら》しているのも、天地抱き合《あわ》せの、親神の温かい懐《ふところ》で、絶えず育《はぐく》まれているからである。即《すなわ》ち、銘々《めいめい》が、日々何《なん》の不自由もなく、身上をつかわせて頂けるのも、親神が、温《ぬく》み・水気《すいき》をはじめ、総《すべ》てに亙《わた》つて、篤《あつ》い守護を下さればこそ……」
（『天理教教典』第七章「かしもの・かりもの」）

節に出合うたびに

厳しい冬が遠のいて、ようやく春がやって来た。

今年は桜も遅れていて、四月初旬になっても、堅い蕾《つぼみ》のまま。しかし西川《にしかわ》沿いの桜並木をよく見ると、冬のさなかとは違って少し赤らんでいる。蕾が膨《ふく》らみ、いまかいまかと開花を待っているのだ。

警察学校のポプラ並木も、冬の間は灰色の枝だけが空に向けて突き出ていたが、このところ少し黄ばんできた。新芽が膨らんできたのだ。もうすぐ青々とした葉を茂らせることだろう。

花が咲き、新しい芽が吹く春を迎えた。

茎《くき》や枝のあちこちがぷくっと膨らんで、新芽はそこから吹いてくる。新しい芽が出るこの根元は「節」と呼ばれている。

節ができなければ、茎や枝は空に向かって真っすぐ伸びていくだけ。あちこちに節ができ、そこに葉がつき、新しい枝が伸びていく。木が茂っていく。

◇

私たちの毎日は、おおむね平坦《へいたん》なものだ。

いつものように陽《ひ》が昇り、目が覚めて、鳥がさえずり、空腹を満たし、汗をかいて働き、疲れて眠る。

休みなく鼓動する心臓や、休みない息づかい、食べたものがどのように消化していくかなど、普段は意識しない。

地上を照らし、万物を育てる陽の光、いのちを支える水と空気を、普段はありがたいとも思わない。

夫婦、親子など、身近な人たちは別にして、切れ目なく続いてきた先祖の方々、さらには顔も名も知らないたくさんの人たちによって、今日の私が支えられていることなど、普段は意識もせず、感謝もしない。

しかし時折、平坦に続く毎日が途切れそうになることがある。病気、事故、不和、そして天災。当たり前だと思っていたことが壊れかけ、失われかけたときだ。そんなとき、ハッとして意識は鮮明になる。

どんな人生も決して平坦ではない。いくつもの大きな節目に出合う。そんなときは、いったいどうしたらいいのか分からず、途方に暮れたり、悩み苦しんだり、絶望したりする。

◇

教祖《おやさま》は、「ふしから芽が出る」と教えられた。どうしようかしらと途方に暮れたり、困り果てたそのときこそ、新しい芽が出る旬だというのだ。

考えてみると、生命や人類の歴史、私たち一人ひとりの人生を振り返れば、幾多の節の中から、節に出合うたびに、新たな発展・成長を遂《と》げてきたといえる。

突然降りかかった病気や災難に一度は心を倒しかけても、心新たにたくましく、そこから立ち上がってきたのだ。

そして、

「あのときはほんとうにつらかったけれども、あの日のおかげで今日がある」

そんな日を迎えている。

病気や災難といった節もあれば、結婚や出産はもちろん、入学・進級・就職・転勤・異動の四月もまた節と言えよう。良きにつけ悪《あ》しきにつけ、新たな出来事に出合えば、新たな生き方が求められ、そうやって人生が豊かに茂っていくのだ。

節に出合うと、とかく折れやすい。これまで通りでは立ちゆかなくなるのだから。

しかし、どんな節も新しい芽を吹くために準備されるものである。

厳しい節こそ、心の大転換が求められているときであり、新しいたくましい芽が出る旬である。

「たとえ雑炊すすっても……」

「たとえ雑炊《ぞうすい》すすっても……」とは、長く連れ添ったご主人を昨年見送り、いまは長男夫婦の家の離れで暮らしている老婦人の言葉である。

◇

いまどき「雑炊」と聞けば、鍋物を楽しんだあとで、残った出汁《だし》にご飯を混ぜて蓋《ふた》をする。もう一度湯気の上がるのを待って、おいしい「雑炊」の出来上がり。

これでは「たとえ雑炊すすっても……」というニュアンスは伝わらない。

子どものころの雑炊を思い出す。大根や白菜、ジャガイモなど野菜の入ったお汁に、うどんが何本か泳いでいる。大きなどんぶりいっぱい食べても、すぐにお腹《なか》がすいてしまう。味噌《みそ》も貴重で、味は塩で足した。

たまに食べるものではない。いつも雑炊だった。

「たとえ雑炊すすっても……」とは、こんな雑炊のことをいう。

◇

「親はたとえ雑炊すすっても、子どもは学校に進ませたい」

「たとえ雑炊すすっても、志《こころざし》を高く持ち続け、世に迎合することはなかった」

とは、よく聞く話である。

「衣食足りて礼節を知る」という。

なるほど、衣食に事欠くぎりぎりの極限状態では、礼節に構っておれないかもしれない。衣食が十分でない状態で、高い志を持ち続けることは容易ではないだろう。

しかし一方では、このところの世の中の出来事を見ていると、むしろ衣食に満ち足りた人たちの、礼節の無さが際《きわ》立って目立つように思う。欲しいものを手にしたらしたで、もっと大きなものが欲しくなる欲深さであろうか。苦労して手に入れたがゆえに、なんでも手に入れることができるという傲慢《ごうまん》さが募《つの》るからであろうか。

あるいはまた、苦労もせずに有り余るほど与えられたために、そのありがたさが分からないからであろうか。

◇

ところで、このご婦人の言葉は「夫婦、丈夫で長生きできたら、こんなにありがたいことはない」と続く。年は九十歳。いまもお元気だ。

この言葉の発する境地は、前述の礼節や志を云々《うんぬん》しているのではない。よくいう「清貧《せいひん》の思想」を説いているのでもない。しみじみとした「ありがたい」境地が語られている。

それは出世や栄達《えいたつ》とは無縁である。ものに溢《あふ》れた、便利で快適な生活ともなじまない。いつの世でも、どこにいても、何がなくても、心一つで味わうことのできる「ありがたさ」である。

もちろん、夫婦がいつまでも一緒にいられるわけではない。どちらかが事故に遭《あ》い、病に侵《おか》され、無念の思いを抱かなければならないこともあろう。それだけに「ありがたい」ことと言わなければならない。

しかし、その「ありがたさ」を味わうことができない一番多くのケースは、そんなことを「ありがたい」と思わない心のあり方ではないかと思う。こんなに身近にある「ありがたさ」になかなか気がつかないで、遥《はる》か遠くの、時には幻《まぼろし》の「ありがたさ」を追い求め、焦《あせ》ったり、恨《うら》んだり、虚《むな》しさの中に生きていることもある。

◇

今日も陽《ひ》が昇り、新しい朝を迎え、一日が始まる。身近な、わが足元の「ありがたさ」に深く感謝し、喜びと、そこから生まれるやさしさ、たすけ合いの中に、再び巡ってこない今日一日を楽しんで生きたい。

「たとえ雑炊すすっても……」

キラリと光る一瞬の安らぎ

師走《しわす》の初め、急に冷えてきたと感じて、ふと窓の外を眺《なが》めれば、辺りは真っ白。初雪だ。

先月は遠くの山々に冠雪が見られ、数日前にはかなり低い山でも樹々《きぎ》が白く覆《おお》われた。そのうち里に下りてくるなと覚悟はしていたが、やっぱり来たか。

これからの季節、県境の長いトンネルを通って群馬県に入るとき、いつも思う。「とても太刀打《たちう》ちできない」と。

どんよりとした雲に覆われた新潟の大地は一面に深い雪。それがトンネルを抜けるや否《いな》や、空は明るく晴れ上がり、雪はどこにも見当たらない。「なんだこれは？」

◇

大和《やまと》で生まれ育った娘が言う。

「よくこんなところに住んでるね――」

この娘、高校を出て新潟に住むようになったある冬の日、学校からの帰り道、吹《ふ》雪《ぶき》に遭《あ》い、家に着いた途端、大声で泣きだし、着のみ着のまま熱い浴槽にドボン。おいおい大学生だぞ！

◇

新潟の冬は三寒四温。日を追ってだんだん暖かくなるような春先をいうのではない。厳しい冬型のお天気が三日続いたあと、四日間はひと休み。それが延々と繰り返されるのだ。

日本海から低く黒い雲がやって来て、雪と風を運んでくる。吹雪。時に雪は地上から舞い上がる。地吹雪。そうこうしていると雲が切れ、青空がのぞく。しかし、安心できない。すぐまた海の向こうから吹雪を運ぶ黒雲が押し寄せてくるのだ。

◇

「よくこんなところに住んでるね――」

しかし、吹雪はいつまでも続かない。吹雪のあとには、必ずほっとする一瞬がある。長続きはしないが、その一瞬の心の安らぎが、実に嬉《うれ》しい。

この風土の厳しさが、魚を、滋味豊かな野菜を、米を育てるのだ。

「一難去ってまた一難」という人生もある。よくもまあ次々と苦難が続くものだと嘆く。しかし、耐え忍んだ苦難のあとの、キラリと光る一瞬の安らぎが、次の苦難を乗り越える力となる。

そして、厳しい人生は、何よりもやさしさと思いやり、たくましさを育てる。

◇

ともあれ、どんな空の下のどんな境遇の人生も、いのちがあればこそ。無意識のうちにも、見事な火・水・風の調和のもと、ひと時も休むことなく、いのちが繋《つな》がれていく。そしてまた、天然自然の火・水・風の調和のとれた営みがあればこそ。

北国の黒い雪雲の上にもお日さまが燦々《さんさん》と輝き、凍った大地も生き物をしっかりと抱きしめている。

今日もまた陽は昇る

ある日の朝づとめ、身震いする思いでハッと気づいたことがある。

この季節、新潟には珍しく、東から真っ赤なお日さまが顔を出し、神殿東側の障《しょう》子《じ》をオレンジ色に美しく染めていた。

◇

晴れた日ばかりではない。雨の日も雪の日も、雲の向こうには、お日さまが決まって東から昇ってくる。私たちは朝は間違いなくやってくるものと信じている。明日は朝がこないかもしれないなどとは、誰《だれ》も疑いはしない。

また、世界のどこの国でも、時代がどんなに移り変わっても、「1＋1は？」と聞かれたら「2」と答える。当たり前のことだ。

しかし、お日さまが昇ることよりも、「1＋1＝2」となることよりも、もっと根源的な真実、事実があると気づいたのだ。お日さまが昇るこの世界、「1＋1＝2」となるこの世界を成り立たせている背後に、もっと根源的な真実、事実があることに気づいたのだ。

それは、元《もと》の神、実《じつ》の神である親神様がおられるということだ。

人間が互いにたすけ合う陽気ぐらしを楽しみに、人間世界をお創《はじ》めくだされ、永《なが》の年限、地球環境を整え、人間をお育てくだされ、いまも十全の守護をもってお守りくだされていればこその、この世界である。

天保《てんぽう》九年（一八三八年）、親神様は教祖《おやさま》をやしろに、この世の表にお現れになった。そして、この世の一切の真実を明かし、陽気ぐらし世界への道を教えられた。

教祖は五十年の長きにわたって、どんなに遠くにいる人をも、どんなに難渋《なんじゅう》な人々をも心ひとつにたすけ上げ、自ら歩んでたすかる道のお手本を示された。

明治二十年（一八八七年）、子どもかわいいそれゆえに、世界たすけを急ぐうえから、二十五年先の定命《じょうみょう》を縮めて現身《うつしみ》をかくされたが、教祖は、「姿は見えんだけやで、同《お》んなし事やで、姿が無いばかりやで」と、いまも存命のまま、世界たすけのうえにお働きくだされている。

◇

この世界はどこまでも親神様の世界。親神様のご存じないことは何一つない。

昨今、予期せぬ天変地異、悲惨《ひさん》な出来事が相次ぐ。そんなとき、よく「神も仏もあるものか」「ほんとうに神はいるのか」などと言う。

願いさえすれば、どんなこともかなえてくれるわけではない。人間と世界をお守りくだされている親神様は、私たち人間が互いにたすけ合う、やさしい心になる日を楽しみにお待ちくだされている。

親神様の御心《みこころ》のままに、私たちはどんな世界もお見せいただける。天変地異のない世界、戦争や飢餓《きが》のない世界、親子や家庭の不和のない世界。それは願えばかなうのではない。私たちの真実の心次第なのである。

天に何を祈りますか？

どんなに文明が進んだとはいえ、人間の無力さを思い知らされることがある。

突然、思いがけない出来事が行く手を遮《さえぎ》り、途方に暮れることがある。

つらく、長く、度重なる苦難に耐え難《がた》く、絶望しかけることがある。

万策尽きたとき、祈るような思いで事態を見守ることがある。

果たして、祈りは天に届くのだろうか。

天は祈りを聞き届けてくれるのだろうか。人間の祈りを聞いてくださる方は、果たしておられるのだろうか。

◇

世にさまざまな詣《まい》り所がある。商売繁盛を約束し、受験合格を請《う》け合い、子宝を授け、安産させるという。厄除《やくよ》けや交通安全のご利益《りやく》をうたう。かなえてもらいたい人間の望みには際限がない。この際限のない願いをいちいち聞くのに、神様がどんなにたくさんおられても、さぞかしお忙しいことだろう。時には、二人の相反する願いに、こちらを立てればあちらが立たずと、神様も困ってしまうかもしれない。

◇

お詣りするだけでご利益があるのなら、人間にとってはなんとも都合がいい。しかし、現実はそうはいかない。自分では真剣に祈ったつもりでも、願いがかなえられなかったとき、

「神も仏もあるものか！」

「神様も私を見捨てたのか！」

などと天を呪《のろ》うこともある。

人間は身勝手なものだ。わが身、わが家、わが会社……と、わが身さえ良ければ人はどうなってもいい。とにかく自分の願いを聞き届けてもらいたいのだ。

◇

教祖《おやさま》は、病気や災難で苦しみ悩む人たちに、

「たすかりたい、たすけてくれ、ではたすからない」

「人たすけたらわが身たすかる」

と教えられた。


親神様は、人間の互いにたすけ合う陽気ぐらしを楽しみに、人間と世界をお創《はじ》めくだされ、長い年限かけて、今日までお育てくだされ、いまも世界中の人間を余すことなくたすけ上げたいと、親心の限りを尽くしてお働きくだされている。

そして、世界中の人間は親神様を親と仰ぐ、互いにたすけ合う兄弟なのだ。


教祖は、わが身さえ良ければという欲の心から離れ、

「やさしい心になりなされや」

「人を救《たす》けなされや」

と教えられた。

「この人にたすかってもらいたい」

「あの人にもたすかってもらいたい」

「世界中の人たちにたすかってもらいたい」

人をたすける真実の心に、望まなくても、わが身はたすかっていく。これが天理である。

この世界はどこまでも親神様の世界。私たちの互いにたすけ合う心の成人を楽しみに、じっとご覧くだされている。

一番美しい季節

六月初旬。夜明けがずいぶん早くなった。

ここ新潟市小新《こしん》の地では、日の出は四時半少し前。沈む夕日にも負けないほど真っ赤なお日さまが、遥《はる》か遠くの山々の稜線《りょうせん》から勢いよく昇ってくる。その勢いたるや、少し頭を出してからすっかり姿を現すまで、わずか二、三分。「日の出の勢い」とはこのことだろうか。ずんずんという音さえ聞こえてくるような力強さである。

◇

急に明るくなった朝の静けさを、キジとカッコウが競うように破る。この辺りは急速に開発が進んだとはいえ、あちこちにのどかな田園風景が残されている。

この前、教会の境内地に、親子だろうか、十羽ほどのキジが遊んでいた。近くで畑を作っている方が、キジに豆をやられて困るとぼやいていたが、その犯人はこのキジたちだろうか。雄《おす》が一羽、草むらの中で時折立ち止まっては、周囲を見渡しながらゆったりと歩いているので、一度追いかけてみたことがあるが、逃げ足はとても速い。

カッコウといえば、一度鳴き始めると、しゃっくりのように止まらない。縄張りを宣言しているのだともいうが、だからだろうか、この前、家内と連れ立って戸別訪問をしている途中、すぐ近くで鳴き声がするのでその方を見れば、電信柱のてっぺんに止まって鳴き続けている。ふむふむ、これが縄張り宣言かと納得する。

◇

木々の緑が色を濃くする中で、ふと足元に目をやれば、雑草も元気に伸びている。門柱を囲うサツキに、スギナをはじめ、いろいろな雑草がからまっている。道端の雑草はあまり気にならないが、植え込みに交じった雑草は、無精《ぶしょう》な性分《しょうぶん》ながら、や

は り気になる。これからしばらくは、草抜きも朝の日課となる。

◇

五月から六月にかけて、北国のこの地にも、一年中で一番美しい季節が訪れる。移りゆく天然自然の変わらぬ営みは、思えばありがたい。私たちの生命が、こうした変わらぬ天然自然の営みに支えられていることに、しみじみと感じ入る。世界を揺るがし、社会を揺るがし、家庭を揺るがし、私を揺るがす騒がしい出来事に心奪われがちな日常にあって、ふと、この事実に気がつき、我《われ》に返る。

火・水・風の、間違いのない働きに満ちたこの世界に、私たちは生きている。そして、私たちの身体《からだ》も火・水・風の間違いのない働きのおかげで、一刻一刻といのちが繋《つな》がれていく。この厳粛《げんしゅく》な事実を前にするとき、些細《ささい》なことに一喜一憂し、思うようにいかないとて人を憎み、恨《うら》み、わが身の不幸を嘆いて天を呪《のろ》う身勝手さに気恥ずかしくなる。

まるで億万長者が、一銭二銭にあくせく心を奪われているようなものだ。

〝参道掃除〟の心で

暑い夏の日のことだった。近くのスーパーへ出かけようと教会を出た。すると、よそ行きの服装のまま、道端の雑草を次々引き抜いている女性が目に入った。近づけば、この日は教会で集まりがあるので、朝早くに家を発《た》ち、乗り物を乗り継いでこられた方だ。教会近くでバスを降りたものの、ちょっと時間があるし、道端に生い茂った草が気になったのだろう。

その姿に、毎朝、所属する教会近辺の道路掃除を始めて、もう何年にもなるという青年を思い出した。「この道路は、教会への〝参道〟だと思って掃除しています」と。

神社には、よく長い参道がある。石畳、石の階段、あるいは杉並木だったりする。社殿に向かうまで、静かなたたずまいの参道は、日常的な喧噪《けんそう》から離れ、心を静め浄《きよ》めるのだろうか。

道端には、たいてい雑草が生えている。このご婦人、道という道、草を抜きながら歩いているわけではない。教会近くの道路（もちろん公道だが）であるからこそ、きれいにしようと思い立ったに違いない。ありがたいことである。

この季節、いろいろな花が咲き乱れ、美しい景色が広がる。ひと雨ごとに草木は成長し、緑が濃くなっていくなか、雑草も伸びていく。時にはお目当ての草や花が雑草に埋もれてしまうこともある。

ある老学者は、庭の手入れを一切しないと聞く。自然のままがいいのだと。当然、雑草は伸び放題となる。

庭を手入れするといっても、なにも草や木を根こそぎ絶やそうというのではない。目的とした花があり、目的とした木があり、それを育てるために、美しく仕上げるために、妨《さまた》げとなる草や木を取り除こうというのだ。

それはちょうど、家の中を掃除したり、部屋の中を片づけたりするのと同じこと。あるいは雑然とした頭の中を整理して、ものを考えたり、解決への道筋を思案するのと同じこと。普段から、誰《だれ》でもやっていることだ。

◇

自然のままがいいという意見には、返す言葉に困ることもある。「都会より田舎がいい。自然が多いから」とよく聞く。たしかに、何もかも人間の思いのままに改造してしまうことには抵抗がある。

しかし片づけること、整理整頓《せいとん》すること、要《い》るものと要らないものを区別することは、人間の本性ばかりでなく、生命の本性でもある。

生命はその昔、混沌《こんとん》の中から秩序あるものとして誕生した。その秩序を高度に仕上げてきたのが、何十億年にもわたる生命の歴史ともいえるだろう。

◇

布教師としての父は、たった一つの趣味として、いろいろな方々から頂いた盆栽を大事に世話していた。

夏休み、久々に家に帰ると、夕方の水やりを言いつけられた。

「信仰と盆栽とどう関係あるんだ」

などとぶつぶつ言いながら水をやっていると、父は、

「植木の水やりも飽いてできない者が、人の苦しみ悩みを分かち、その心の皺《しわ》を伸ばすことなどできるものか」

と戒めた。

父の年に近づいたいま、ようやく、その言葉の意味が少し分かるようになった。

もう一度話を聞いてみたい

　父は大正四年（一九一五年）、新潟市近郊の農家の二男に生まれた。生来、身体《からだ》がとても弱く、小学校に入った年には肺炎から長く肋膜《ろくまく》を病んだが、なんとか一命は取り留《と》めた。

　昭和六年（一九三一年）、十六歳を迎えた春、ふと引いた風邪《かぜ》がもとで、十年前の病気が再発し、とうとうばったり床に就《つ》き、骨と皮ばかりに痩《や》せ細ってしまった。

　そんな折、翌七年の二月二十四日、雪の降る日、見知らぬ人の訪問を受けた。

「私は天理教の布教師であるが、あなたの家に病人がおられると聞いて来ました。お話を聞いていただきたい」

祖父母にとって、天理教の悪評こそ耳にすれ、尊い理の道とはつゆ知らず、一度は断ったものの、布教師はなかなか帰ろうとはしない。今度は茶の間で渋茶をすすりながら、客は神様の話を始めた。

祖父との話が終わって、布教師は枕元《まくらもと》にやって来た。いろいろと神様の話をし、「おさづけ」を取り次いでくれた。「きっと楽になりますよ。二、三日たったら、また来ます」と言って帰った。

そのとき父は、なんだか救われたような気がした。

◇

ところが、それから良くなるどころか悪くなる一方で、三日目の二十六日午後、急に病状が悪化した。駆けつけた医者は、大丈夫だと元気づけてくれたが、隣室に祖父を呼び、「もう駄目だ。医者として、できるだけの手は尽くしたが、見込みはない。明朝までもちますまい」と話す声が、かすかに父の耳に入った。

たとえようもない恐ろしさだった。医者に見放された。明朝までのいのち！　時計の振り子が一秒一秒、余命を刻んでいく。

そのとき、ふと思い浮かんだ。そうだ、もう一度、いや今度こそ、あの人の話を真剣に聞いてみよう。

翌朝、求めに応じてやって来た布教師は、瀕死《ひんし》の病人に向かって開口一番、「たすかります」と言いきった。そして「道一条になる心定めをするなら、きっとたすかる。この病人は生きる徳が尽きたのである。徳を積むには布教師となって、人だすけに身も心も捧《ささ》げることです」と。

どうせ死ぬよりほかないいのちだ。もし、いのちを与えてくださるなら、いのちある限り、お道のうえに働かせていただきます、と心を定めた。

早速、おさづけを取り次いでいただき、いろいろとお話を聞かせていただいた。今度は真剣であった。

◇

以来、医者から離れ、薬を捨てた。おさづけを取り次いでいただき、御供《ごく》を頂くのみで、ただひと筋に神に凭《もた》れて、信仰一途《いちず》に進んだ。

それからというもの、不思議にも、かくの病気も薄紙を剥《は》ぐように日一日《ひいちにち》とご守護を頂き、四月ごろには床の上に起き上がり、一歩一歩と歩けるようになった。

これが父の入信の経緯である。これですっきりとご守護を頂いてピンピンしたというわけではなく、幾度も死線をさまよったが、その都度、上級教会はもとより、いろいろな先生方から真実のおたすけを頂き、七十七歳までの六十年間、お道の御用ひと筋に生き通した。

「ついて来るかい？」

母は熱心な祖母のもとで信心を深め、天理教校別科（修養科の前身）を出てから
は道一条を志した。
「天理教の布教師であれば」
と結婚した相手は、明日をも知れぬ父であった。
間借りして、夫婦で布教に歩く日々。ある夜、毎日おたすけにはいていく袴《はかま》が見
当たらない。父は敷いてあった布団をめくり、母が寝押しをしてくれていた袴を、
もう一度きちんとたたみ直した。その姿を目にした母は、
「私のしたことが気にいらないなんて……」

と嘆いた。そのとき父は、ハッとしてその場に座り直し、

「申し訳ない。これが自分のいんねんの姿なのだ。几帳面《きちょうめん》が過ぎてか、せっかく人がやってくれても、自分でやり直さなければ気がすまないのだ」

と詫《わ》びた。

◇

一命をたすけていただき、ご恩報じに歩み始めたとはいえ、なお身も心も病み煩《わずら》う父と、信仰一途《いちず》に燃えた母が、男と女としてどう向き合ったのか。子どもである私たちは、いくつかの思い出から想像するのみである。

私の息子が小さいころ、

「お父さん、あそぼ！」

とまとわりついてくる。そのとき思わず父のことが思い出され、わが身のありがたさを思った。私は父に遊んでもらった記憶がない。父はおたすけに出ているか、上級教会につとめているか、そうでなければ床に伏せっていた。


夜、苦しんで洗面器に吐《は》いた血であろう、それを母は、朝になると裏の畑へ埋め

に行った。

　怖がりの私が夜、トイレに行きたいと訴えると、母は、

「大きな目を開けといてやるから行っておいで」

と言う。

　しぶしぶ一人で行くが、帰りが怖い。オバケが追いかけてきはしないかと、一目《いちもく》散《さん》に走って布団に潜《もぐ》り込む。

「この世にバケモノなどいない」

と、母は私に言い聞かせた。

　父はよく、

「大きくなったら、何になるんだ？」

と尋ねた。身体《からだ》の弱いわが身を振り返り、子どもたちの成長をどんなにか楽しみにしていたのだろう。

　おぢばだったら扶育を頂いて高校にやらしてもらえると聞いて、天理高校を受験することになった。


「ついて来るかい？」

「不合格になっても、帰ってくるんじゃないよ」

と、受験に行く私に母は布団を持たせた。強い母だった。

◇

家内とは何度目かの見合いで巡り合い、一緒になった。詰所の副主任をしておられた上級教会の初代会長の奥様が、見合いへと誘《いざな》った。初めて会うはるの、お茶を出しに来てくれた姿が、なぜか母親の姿と重なった。

好意をもったことを父に伝えると、

「一緒について来るかい？　と尋ねよ」

と言う。父もそうやって母と一緒になったのだろうか。父の意外な一面を知ったような気がした。

男女の隔てない

結婚当時、私は学校に勤めていた。新婚旅行から帰ると、駅から家内一人を家に帰し、私はそのまま学校へ向かった。年度末の忙しい時期だった。家内はいまでも言う。「なんという人だろうと思った」と。思いやりのなさは自分でもしばしば思い知らされる。

二人とも歌が好きなのは幸いだった。夜になると、子どものころ覚えた童謡や唱歌を二人でよく歌った。

「お父さん、おしっこ」。子どもたちは小さいころ、夜、おしっこに行きたくなると、そう呼んだ。家内は昼間、子育てに忙しく、夜はちょっとやそっとのことでは目を覚まさない。

幼稚園入園を間近に控《ひか》えて、長女が大きなリングブランコから転落して大けがをした。これも年度末の忙しいときだった。夜、家に帰って驚いた。名前を呼ぶと、かすかにウーンとは言うが、すぐに反応がなくなる。大急ぎで救急病院へ運んだ。当直の医者が頭を触《さわ》って、「頭蓋骨《ずがいこつ》がグチャグチャですね」と。血の気が引いて立っていられないほどだった。翌日、検査すると脳内出血。「手術をしても後遺症が残るかもしれない」「思春期になってから現れることも」などと言われたが、いまは一児の母になっている。

息子は生まれて間もなくひどいアトピーに悩み、数年後には重い喘息《ぜんそく》にかかった。病院で吸入してもらっても、家に帰ってくると、またゼーゼー。それから家内は吸入に連れていくのをやめた。発作が起きると一週間近く続いた。「苦しいよー、苦しいよー」。横になっていては、咳《せき》が出たとき切ない。夜は、私が横たえた身体《からだ》に凭《もた》れて、うとうと眠った。喘息は小学校の中ごろまで続いたが、中学校は皆出席だった。

子どもたちを通して次々と夫婦に厳しいお仕込みを頂いたが、おかげさまで夫婦の絆《きずな》も強まり、ちょっとは信仰のうえに成人させていただけたかもしれない。毎月、おぢばから新潟の自教会の月次祭に帰るようになり、また、おぢばの近辺で子どもたちを連れて、にをいがけにも歩いた。

思いがけず十年ほど前、教会を預かることになった。生活は一変したが、夫婦で同じ御用をつとめさせていただけることをありがたく思った。

「後ろでニコニコしているだけでいいから……」と家内を連れ出し、夫婦二人で始めた戸別訪問も、いまはもっぱら家内と二女が回っている。たまに私が行くと、「奥さん、どうかしたんですか?」と心配そうに尋ねられる。

いろいろ案じて心を曇《くも》らせ、心を倒しかける私だが、亀のように大地にはいつくばって、一歩一歩と歩み続ける家内の姿に、いつも元気づけられる。

とはいえ、隠すことなく向き合う夫婦。時には「そこまで言わなくても……」「どうしてそう思ってしまうのか?」などと不足した日もあるが、私が心の内に押し込んでいるものを、これが本心でしょうと引き伸ばして見せてくれていることに気がついた。

◇

動物の世界では出産、子育てにかかわって、雄《おす》と雌《めす》の役割分担が本能的にはっきりしているものも多い。本能から解き放たれた人間は、男と女の役割がますます多様化してきている。職種でも、男女の区別がどんどん取り払われつつある。

男というは胸の広く持って……。（おさしづ　明治26年6月7日）

「女はな、一に愛想《あいそう》と言うてな、何事にも、はいと言うて、明るい返事をするのが、第一やで」（『稿本天理教教祖伝逸話篇』一一二「一に愛想」）

と、男と女の特性の一端をお教えいただいているが、一方、

男女《おとこおんな》の隔て無いという理は、重々の理に諭したる。（明治31年3月30日）

と、道のうえには男女の隔てのないことを幾度も強調されている。

やさしさや愛想という、一見、女性に求められがちな特性についても、

やゝしきには優しい言葉第一。……年取れたる又《また》若き者も言葉第一。……やゝしきに愛想無《の》うては、道とは言わん。男という女という男女に限り無い〳〵。

と、老若男女《ろうにゃくなんにょ》の区別なく心することと諭されている。（明治34年6月14日）

男にしか分からない世界、女にしか感じることのできない世界もあるかもしれない。そうであればこそ、なおさらに足らざるを自覚し、思いやり、たすけ合うことが大切だ。

男と女の役割、夫婦のかたちもいろいろにある。それはそれでいいのかもしれない。

しかし、外《はず》してならないことは、地と天とを象《かたど》って夫婦を拵《こしら》え、人間世界を創《はじ》められた「元初《はじ》まりの話」に、男として、また女として、私たちの生き方のあるべき姿をお教えいただいていることである。

大和の春の日に

大和《やまと》盆地の東側、青垣《あおがき》の山々の麓《ふもと》を、日本最古の道といわれる「山《やま》の辺《べ》の道」が南北に延びている。大昔、この盆地が広く湿地だったころ、南北を往《ゆ》き来するのに、人々は起伏のある曲がりくねったこの道を通ったという。

道中、崇神《すじん》天皇陵や景行《けいこう》天皇陵をはじめ、大小たくさんの古墳があそこにもここにもあり、田畑に囲まれ落ち着いたたたずまいの集落、西にゆったり広がる大和盆地の景観が、季節を問わずたくさんのハイカーたちを楽しませている。

天理市の石上《いそのかみ》神宮から桜井《さくらい》市の大神《おおみわ》神社に至る十キロほどのコースは特によく知られており、日曜日ともなると老若男女《ろうにゃくなんにょ》、いろいろなグループが天理駅に降り立ち、天理教教会本部の前を通って、石上神宮へと向かう。

四月の末、少し時間があったので、山の辺の道は初めてという方を、途中にある名刹《めいさつ》「長岳寺《ちょうがくじ》」へと案内することにした。

◇

山の辺の道は人一人歩くのがやっとという細い道も多い。西側にずっと離れて、国道が南北に走っている。私たちは車で国道から直接、長岳寺へ向かうことにした。山の辺の道は何度も歩いているが、車で長岳寺へ行くのは初めてだった。「長岳寺　左折れ」と標識が見えるが、どこを曲がるのか分からず、ここかな？　と、ある道に入り込んだ。

ところが、どんどん道は狭くなっていく。どうやら間違えたようだ。しかし、すでに道幅は狭く、私の運転の腕ではとても引き返せそうにない。

そうこうしているうちに、向こうから、腰の曲がったおばあちゃんが手押し車でやってくるのが見えた。どうしよう！

あたふたしていると、なんと、そのおばあちゃん、片側の土手に手押し車ごと斜めに倒れて、道を空《あ》けてくれた。なんとも申しわけない。

「すみません！」

こんな細道に入り込むとは、この土地の者でないとすぐに分かったのだろう。

不安になって、厚かましくも車のドア越しに、

「長岳寺はこの道でいいですか？」

と尋ねる私に、おばあちゃんは、

「ちょっと来過ぎはりましたなー」

と笑顔いっぱいに道を教えてくれる。その声も顔の表情も、のどかな大和の風情《ふぜい》にぴったりの、たとえようもないやさしさに溢《あふ》れていた。

◇

まだチラホラ咲きのヒラドツツジの参道を通り抜け、長岳寺に入ると、ウグイスの歓迎を受けた。シャクナゲ、シラフジ、ヤエザクラ、オオテマリ、ショウブ……。見事に競い合って咲く花々が、こんもりとした樹々《きぎ》の新緑に映え、それはもう幽玄《ゆうげん》の別世界だった。

庫裏《くり》で「山の辺そうめん」を味わいながら、先ほど出会ったおばあちゃんの、ほのぼのとしたやさしさを思い出しては、大和の春を存分に楽しんだ。

第二章

移ろう季節の中で

新しい世紀を迎えて

元旦にへびの夢をみた。

親神様は元初《はじ》まりに人間と世界を創造するに当たって、へびを道具として使っておられる。

「み」は白いへび。そのひと筋心をご覧になって、「うを」とともに、夫婦の雛型《ひながた》としてお使いになられた。

「くろぐつな」は黒いへび。引っ張っても千切《ちぎ》れないので、引き出しの道具と定められ、その理に「をふとのべのみこと」の神名を授けられた。

こふき話には、くろぐつなについて、「この《此》もの《者》わせい《勢》つよ《強》く、ひき《引》てもきれ《切》ぬものであるゆゑ《故》に、しよくもつ《食物》、りうふけ《立毛》、ち《地》よりはゑる《生》もの、ひきたし《引出》のしゆうご《守護》として、一につこた《使》とふく《道具》なり」（桝井《ますい》本16年本・中山正善《なかやましょうぜん》著『こふきの研究』112～113ページ）とある。

母胎から赤ちゃんが順調に生まれ出るのも、作物が芽を吹き成長するのも、「引き出し」のご守護あればこそ。引き出すのも神様のお働きであれば、千切れず出されてくるのも神様のお働きである。

◇

千切れないといえば、あるとき、自分のいのちのルーツを、親からまたその親へと、どこまでもどこまでも遡《さかのぼ》っていくと、この地上の最初の生きものに辿《たど》りつくという事実を知って驚いたことがある。

もちろん、私のいのちばかりではなく、人間のいのちばかりでもなく、虫も、そして道端の名も知らぬ草花も、ありとあらゆる生きもののいのちは、この地上で最初に現れたいのちあるものから連綿と引き継がれてきている。一度も途切れていないのだ。

この事実に気がついたとき、ありとあらゆるいのちあるものに、いのちの尊さと、共に生きてきたものへの愛《いと》おしさを覚えずにはいられなかった。

◇

人間の歴史は重ねられていく。新しい世紀を迎えたという。これからどんな世界になるのだろうか。

過去と未来の繋《つな》ぎ目が今年であり、今日であり、この一瞬である。巳《み》の年の今年（二〇〇一年）も、途中で切れそうになるかもしれない、いろんな出来事が起こるだろう。それは、ほんとうに切れ目となるかもしれない、重大な、大切な繋ぎ目である。

しかし、これまでも、そうした幾多の道中、今日まで繋がれてきたのだ。これからも新しい芽を吹きながら続いていくだろう。尊くも、ありがたいことである。

北国の三寒四温

今年は久しぶりに正月から雪がよく降る。「三寒四温」。だんだん暖かくなるのかな？　と思わせる言葉だが、日本海側の冬の典型的な気候を言い表すという。

西高東低の冬型の気圧配置。テレビで見ると、日本海一面に縦縞《じま》の筋状の雲が並んでいる。

こんなとき、シベリアからの冷たい北風が雨や吹雪《ふぶき》を運んでくる。荒れたら三日はやまない。

北風もようやくひと息ついて四日間。しかしこの季節、冬の新潟では晴れの日はめったにない。四温も決して晴れではなく、寒さがちょっと緩《ゆる》むだけだ。

そしてまた、三寒がやってくる。こうして延々と繰り返されていく。これが北国の典型的な冬の気候なのだ。

東京へ向かうとき、三国《みくに》山脈のトンネルをくぐると、一面の雪と、低く垂《た》れた鉛色《にびいろ》の雲に挟《はさ》まれた、それまでの風景が一変する。なんだこれは！　雪ひとつなく、空はカラリと晴れ上がっている。その瞬間、いつも思う。

「とても太刀打《たちう》ちできないや！」

しかし、雪国の良さもある。山々に高く広く積もった雪は、豊かな水として野を潤《うるお》す。冬の厳しさは魚や野菜をおいしく育てる。特に、大雪の年は豊作だという。

冬の海の男性的な荒々しさも、ちょっといいものだ。新潟に来たお客様には必ず案内するという方もおられる。

そして何よりも、春を待つ楽しみがある。長い冬のあとの春の訪れは格別だ。

いまでは、ずいぶん雪が少なくなった。地球温暖化の兆《きざ》しだろうか。子どものころは冬の間中、雪は消えず、田んぼも畑も根雪で覆《おお》われていた。踏み固められた分《ぶ》厚《あつ》い道路の雪を、三月になると村中総出でスコップで割り、トラックに積んで信濃《しなの》川へ捨てに行く。このとき、白い雪の下から真っ黒の土が見える。その瞬間は感激。春だ！

どんなに空が鉛色の雪雲で覆われていても、その上には変わらぬお日さまが輝いている。雪空の日は、お日さまの〝休み〟ではなく、雲に遮《さえぎ》られてお日さまを望めないだけだ。

人生は、たいがい思い通りにいかない。なぜか分からぬ理不尽なことにも出合う。どうして自分だけが……。そして、この苦しさがいつまでも続くように思ってしまう。しかし冬は、やがて草木芽吹き花咲く春を連れてくる。また、どんなに苦しいときも、子どもかわいい一条の、大きなをやの慈愛と恵みに包まれてお連れ通りいただいている。

この地の道の先人たちは、この風土に生きて、社会の厳しい冷笑・干渉・迫害の嵐《あらし》の中をも、明るくたすけ一条にお通りくだされた教祖《おやさま》のひながたを見つめて勇み立ち、風雪をしのぐ揺るぎない信仰を培《つちか》ってきたのだろう。

神様の御用向きと思い

明治十七年（一八八四年）、教祖《おやさま》は三月二十四日から四月五日まで、奈良監獄署へ御苦労くだされている。

『稿本天理教教祖伝』には、さまざまな御苦労のなか、明治十五年十月、明治十七年三月、八月の三度、監獄署への御苦労が記されている。

明治十七年三月の御苦労のときには、鴻田忠三郎《こうだちゅうざぶろう》先生も十日間入牢拘禁《にゅうろうこうきん》された。その間に鴻田先生は、獄吏《ごくり》から便所掃除を命ぜられた。

掃除を終えて教祖の御前に戻った鴻田先生に、教祖は、「鴻田はん、こんな所へ連れて来て、便所のようなむさい所の掃除をさされて、あんたは、どう思うたかえ」と、お尋ねになられた。

このとき鴻田先生は「何をさせて頂いても、神様の御用向きを勤めさせて頂くと思えば、実に結構でございます」と申し上げておられる。入信三年目にして、鴻田先生が立っておられた信仰の境地である。

◇

官憲は、教祖と鴻田先生を牢獄に閉じ込めているつもりでいる。しかし、教祖はもとより、鴻田先生も閉じ込められているという思いはどこにもない。どこにいても、何をしていようとも、常に親神様と共に生きておられる。

この世は、どこまでも親神様の世界であれば、監獄署のこの一室も親神様の世界である。何もかも、一れつ人間を陽気ぐらしへとお導きくださる計らいからお見せくださり、お連れ通りくださる。

私たちはいま、決して監獄署に拘禁され、便所掃除を命ぜられているわけではない。それにもかかわらず、家庭で、職場で、社会で、日々起きてくること、成ってくることに対して、あの人がこうすればいいのに、この人にはこうしてもらいたい、自分は運が悪いのだ、などと人を恨《うら》み、天を呪《のろ》い、世をはかなんでしまう。「何をさせて頂いても、神様の御用向きを勤めさせて頂くと思えば、実に結構でございます」という先人の信仰的境地を、わがものとしたいと思う。

◇

先日、特別なお願いがあって、かんろだいへ足を運んだ。初めのうちは、どうでもこんなふうな姿におたすけいただきたいと願い念じていたが、日を重ねるにつれ、「どんな姿をお見せいただこうと親神様のご守護、どんな中も勇んで通らせていただきます」と、お礼を申し上げずにはおれない気持ちになってきた。

私たち人間には、先のことはなかなか分からない。その場その場の出来事に一喜《いっき》一憂《いちゆう》してしまう。しかし、親神様は先の先まで見通して、それぞれの成人に一番ふさわしい道にお導きくださっている。成ってくる姿、現れてくる姿に、どこまでもたすけたい一条のお心からお連れ通りくださる親心を求め、どんな道中も結構と思ってつとめさせていただきたいと思う。

先を楽しみに種をまく

春先、戸別訪問に歩いていたときのことである。断られ、冷たくあしらわれることよりも、自分の真実のなさ、根気のなさを思い知らされて、心を曇《くも》らせていた。

ある家の玄関先で、ご婦人が草花の株分けをしていた。まだ時折、肌寒い風が吹くなか、そのご婦人の表情はとても明るく、いきいきしている。きっと、花咲く日のことを楽しみにしているのだろう。

株分けといい、種まきといい、先を楽しみに、楽しみながらやる。腹を立てながら、恨《うら》みながら、泣きながら種まきをする人は、まずいない。

にをいがけは種まき。いずれ花が咲き、実がのる。嫌々《いやいや》やったり、泣きながらやったり、労を惜しみながらやったりするものではない。先を楽しみに、いまの苦労を楽しんで種をまく。

大切なことを教えてもらった。

◇

戸別訪問から帰ると、「にをい、かかりましたか?」と尋ねられ、返事に窮《きゅう》したことがある。

釣りに行ったわけじゃない。釣りから帰ってきた人に「今日は釣れましたか?」と尋ねるのは当然である。だが、日々のにをいがけは、いわば種まき。種まきから帰ってきた人に「大きな実が収穫できましたか?」などと尋ねる人はいないだろう。

そんな言い訳を頭の中で巡らしながらも、にをいなど容易にかかるものかと思い込んでいる心の内を見透《す》かされたような気がして、恥ずかしいやら申し訳ないやら。「もっと真剣にかかれ」というお仕込みであろう。

あれもこれも思うようにいかない。先が見えない。焦《あせ》る。心沈む日がある。そんなとき、己《おのれ》の日々の心のあり方、歩み方を顧《かえり》みる。

たすけ心がない。果たして、教祖《おやさま》の世界たすけの思召《おぼしめし》をわが事としているのか。そうではなくて、結局、わが身かわいい人間思案にとらわれているのではないか。

この御教《みおし》えが「だめの教え」であるという確固たる自覚があるか。その確信のうえに、どんな苦難をも厭《いと》わず世界たすけに挺身《ていしん》する決意があるのか。

地道に教えを守って日々を歩んでいるか。種をまく苦労を厭《いと》い、収穫だけを求めているのではないか。

どこまでも心を低くもち、笑われ誹《そし》られることを恐れず、泥《どろ》の中をも厭わず、結果を焦らず、行く手をしっかり見つめて、ただ黙々と教祖の道に従え。

わが心の内を深く見つめ、自らに問い、叱咤《しった》する。

心を静めて、元の理、かしもの・かりものの理に心を洗い、ひながたの道を思い起こしては、今日をお連れ通りいただく喜びが込み上げてきて、たすけ心に勇んでくる。

遥かなる道のりを歩く

雪国もようやく春を迎えた。十数年ぶりの厳しい冬だったが、今年も変わることなく春がやって来た。

花は競って咲き乱れ、若葉が茂る。新緑が目にしみる。人々が春を楽しみに待っていたように、草も樹《き》も、花咲き芽吹くこの時を待っていたかのようだ。

野や山が次々と斑模《まだら》様に色合いを変えながら、いきいきとよみがえっていく姿は、さながらアニメ映画『もののけ姫』のラストシーンを思い出させる。「山笑う」という美しい言葉もある。

◇

樹木の緑は突然わけもなく吹き出したのではない。昨年来、自らを養い、ひそかに新芽の準備をし、寒さに耐えて、この旬を待っていたのだ。筍《たけのこ》が思わぬところから突き出てくるのも、年限かけて、そこまで根が張り巡らされていたからだ。

昨日の歩みが今日の花を咲かせ、今日は明日の実を結ぶ準備をしている。天然自然の営みは、時間をかけ、順序を違《たが》えることはない。

バーチャル（仮想）世界のように、人間は見えないもの、遠くのもの、不可能なことでも、瞬時に頭に思い描くことができる。心の自由をお許しくだされたからである。そして、つい人間の力で、この世の中を思いのままになんとでもできるように思ってしまう。

美しい花を切ってきて部屋に飾ることはできる。しかし、根の無い花は、あとの楽しみがない。現実の世界では、畑を耕し、種をまき、肥を置き、時間をかけて初めて事が成る。

◇

まだ肌寒い風の吹く春先に、道端に咲く可憐《かれん》な二輪のスミレを見つけた。愛《いと》おしさのあまり思わず手にとり、じっと見つめているうちに、何かしら込み上げてくるものがある。

私たちの道すがらには、嬉《うれ》しいこともあれば、悲しくつらく苦しいこともある。天然自然のこの世は、どこまでも理ぜめの世界であって、一分の隙《すき》もなく、いささかの遺漏《いろう》もない。いま私たちは、限りない親心をもって陽気ぐらしへとお連れ通りいただいている成人の道中にある。

ずつない事はふし、ふしから芽を吹く。やれふしや、楽しみやと、大き心を持ってくれ。

（おさしづ　明治27年3月5日）

遥《はる》かなる道のりを、目標を見失うことなく、路傍《ろぼう》の花を楽しみながら歩き続けよう。道端のスミレに励まされ、勇み心が湧《わ》いてくる。

今の道は今一時に成った道やあろうまい。この心しっかり治めて事情掛かるが、道の花とも言う。

（明治32年6月6日）

夕日を見送る

親里の夕日はきれいだ。子どもたちが小さいころ、沈みゆく夕日を、よく一緒に飽きることなく眺《なが》めていた。

新潟の夕日も美しい。「日本海夕日ライン」というしゃれた名前の道路が延びている。夏には、日本海夕日コンサートも催される。

一度、このライン沿いの、とある砂浜に夕日を見に行ったことがある。そこで不思議な光景に出合った。

特別な日ではないのに、そこで夕日を見ているのは私だけではない。一人で、あるいはペアで、続々と集まってくる。そして、みんな横に並んで腰を下ろし、黙ったまま、いままさに海に沈もうとする真っ赤な大きな夕日を見つめている。夕日がすっかり海に沈んでしばらくすると、群れ立つ鳥のように、ぞろぞろと薄暗くなった砂浜をあとにしていく。

夕日といえば、増井《ますい》りん先生のことが思い浮かぶ。

九十歳の先生が別席のお取り次ぎから本部詰所に帰られて、西側の廊下で西の方を向いてお座りになっている。やがて日が沈みかけ、辺《あた》りがほの暗くなりかけたころ、やおらお立ちになって、

「私はナ、今までおやさん（教祖《おやさま》のこと）がお寝《やす》みになるのをじっとお見送り申していましたんや。私は淋《さみ》しうてナ、毎日こうしてお見送りしますのやで」と、目をショボショボさせておられたというお話（梶本巌雄《かじもといわお》先生談『誠真実《まこと》の道・増井りん』所収）である。

あの日、砂浜にいた人々は、いったいどんな想《おも》いで夕日を見送っていたのだろうか。無言のうちにも何かしら、お互いに相通じるものがあったように思う。

◇

六月も半ばとなれば、朝がずいぶん早く明けるようになってきた。開発が進むこの地域でも、教会から東にはいまも田んぼが広がっている。五月の連休に植えられたひ弱そうな稲の苗も、すっかり青々としっかりしてきた。時折、十数羽の白いシギが舞い降りては、また飛び立って、田んぼを次々と訪ね歩く。

さあ〳〵一寸《ちょっと》一言……神から頼む。どういう事頼むなら、朝々日の差し出に話し掛ける。日の差し出と言う、よう聞き分け。……教祖事情という容易ならん理であったで。よう聞き分け。どんな艱難《かんなん》もせにゃならん、苦労もせにゃならん。苦労は楽しみの種、楽しみは苦労の種、と皆聞いて居《い》るやろう。何を神が頼むと言うなら、順序朝々事情という、何でも彼《か》でも日の差し出に運んでくれにゃならん。

（おさしづ　明治39年12月6日）

献饌《けんせん》を終えて東を望めば、遠くに連なる山々の稜線《りょうせん》から、夕日に劣らぬ真っ赤な大きなお日さまがしずしずと昇ってきて、海ならぬ田んぼの水面《みなも》に映えている。

この世界はどこまでも親神様のからだであり、私たちは火・水・風の自由自在《じゅうようじざい》のお働きを頂いて、をやのふところに住まわせていただいているとの実感が込み上げてくる。

「教祖、今日も一日、どうぞよろしくお連れ通りください」

思わず掌《てのひら》が合わさる。

日本の〝三台の給水車〟

どしゃぶりの雨で朝を迎えた。目の前に広がる緑の田んぼも、今朝《けさ》は雨足でかすんでいる。

この新潟平野を育《はぐく》んだ信濃《しなの》川はかつて、時として大氾濫《はんらん》し、田畑も家も人も押し流した。下流にはゼロメートル地帯が広がり、腰より深い泥水《どろみず》につかっての重労働を余儀なくされた。それが、本流から海へ注ぐ分水路を造り、湿地帯の水を川に汲《く》み上げる排水機場を設け、品種改良も相まって、いまや日本一の米どころとなった。

親里での高校時代を思い出すと、夏はよく水不足に見舞われた。大和《やまと》の厳しい水事情は、雨乞《あまご》いづとめの史実や「番破れ」「水喧嘩《みずげんか》」などという言葉で『稿本天理教

『教祖伝』に窺える。いまでは天理ダムの貯水や吉野川の水を大和平野に引く吉野川分水によって大きく改善され、往時の苦労を偲《しの》ぶことも難しい。

◇

日本には〝三台の給水車〟があると聞いて、なるほどと思ったことがある。梅雨《つゆ》と台風と雪。それぞれヒマラヤ山地から、熱帯から、北極から、水を運んでくる。四季を通じて、これほど〝もらい水〟に恵まれた国はほかにないという。この水が豊かな森林帯を形成し、平野に流れては田畑を潤《うるお》してきた。

人間の知恵と力は驚くべきものである。水の足らないところには遠くの山に降る雨水を引いてくる。洪水を防ぐために海への分水を掘り、湿地の水を川に汲み上げて乾田《かんでん》にした。

それでも気候そのものは、いかんともしがたい。雨を降らすこともできなければ、続く雨を止めることもできない。

今年は新潟でも、水不足で田植えができないところがあった。数年前、ゼロメートル地帯では、一時に激しく降る雨に排水ポンプが追いつかず、大水害となった。

あるいはポンプで川に汲み上げられた大量の水が、下流で溢《あふ》れることもある。

◇

せかいにわあめをほしいとをもたとて
このもとなるをたれもしろまい
（おふでさき　十二号155）

いまの時代、なんでもどうすることもできるように思いがちだが、よく考えてみると、事柄の根っこのところは、人間の意のままにはならない。それどころか、人間のさまざまな営みは、人知を超えた大きな恵みに包まれて初めて成り立っていることに気がつく。それは気候だけでなく、いのちと身体《からだ》、あるいは世の治まりとて同じことだろう。

月日にハなにかなハんとゆハんてな
みなめへ〳〵の心したいや
（十三号120）

神の自由《じゅうよう》の守護の世界に住まいさせていただき、心一つにお連れ通りいただいているという「かしもの・かりものの理」の真実をしっかり自らのものとし、その喜びを世の人々と共に味わいたい。

満天の星を仰ぎながら

梅雨《つゆ》も明けた夏の夜は、満天の星を楽しむ。真上には、はくちょう座のデネブ、こと座のベガ、わし座のアルタイルが「夏の大三角形」を形づくっている。北極星の左右には北斗七星《ほくとしちせい》とカシオペア座がひかえている。南には、さそり座の心臓に輝くアンタレスが、ひときわ明るい〝旅人〟火星と赤さを競い合っている。

毎年この季節、少年会のキャンプ練成会を訪ねては、街灯《あか》りから遠く離れた山奥深く、おびただしい数の星が散りばめられた暗黒の空に、南北に流れる天の川を探し出し、ああ今年も出合えたと、ほっとする。この時期、流星群もよく目にする。いつまで眺《なが》めていても飽きることがない、夏の夜のひと時である。

「地球は宇宙のオアシス」とは宇宙飛行士の感動のひと言である。宇宙空間は真っ暗で、ひどく冷たく、ほとんど真空だ。いま乗っている宇宙船と、遠くに小さく見える青い地球だけが生命を維持できる環境にあり、両者を取り巻くのは死の世界だ。人間が地球を離れて初めて知ったことは、生命を宿すにちょうどぴったりの、実に微妙な環境に私たちがいるという厳粛《げんしゅく》な事実である。何よりも、地球には豊かな水の海がある。太陽からの距離、水蒸気の適度な温室効果などが地球の平均気温を摂氏一五度に保っている。紫外線を遮《さえぎ》るオゾン層をはじめ大気圏は、多重のバリアーとなって地球生命を守っている。

時折ふと、この広大な宇宙のどこかで誰《だれ》かがいま、私たちと同じように星空を眺めているだろうかと、思いを巡らせてみる。

いまのところ地球外には生命の痕跡《こんせき》も見つかっていない。それは、宇宙があまりにも広く、探索がはかどっていないからか、あるいは地球が宇宙のただ一つのオアシスで、この広い宇宙に、この地球をおいてほかに生命を宿す星はないからかもしれない。

満天の星を仰ぎながら、果てしなく広がる宇宙、そして今日に至るまで百五十億年ともいわれる宇宙の歴史に思いを馳《は》せてみる。

ミクロの眼《め》で明らかにされた生命の仕組みの見事さを考え合わせると、広い宇宙の中から、気の遠くなるような長い時間をかけて入念に析出《せきしゅつ》してきた結晶とも言うべき、いのちのありがたさに慄然《りつぜん》とする。

そしていま、そのいのちが、自らを生み育てた宇宙について考えを巡らし始めている。

たん〳〵となに事にてもこのよふわ
神のからだやしやんしてみよ
（おふでさき　三号40・135）
月日よりたん〳〵心つくしきり
そのゆへなるのにんけんである
（六号88）

節は理を立てる旬

ある初夏のことだった。戸別訪問からの帰り道、一面に青々と広がる緑の中の田んぼ道を、とぼとぼ歩きながら悶々《もんもん》としていた。

そのころ、とてもつらいことがあった。二つの御用が日を同じくして立て合い、とうとう一方の方に大変不足をさせてしまった。ほんの一日ずれていたら、こんなことにならなかったのにと、わが身の不徳を悔《く》やんでいた。

こんな悶々とした心で、「こんにちは。天理教の者です……」などと訪ねても、香《かぐわ》しいにをいを運ぶことなどできるはずはない。

そのとき、ふっと思い出した。嘉永《かえい》六年（一八五三年）、こかん様が初めて浪速《なにわ》の街に神名を流されたのは、善兵衛《ぜんべえ》様お出直しの年だったことを。

◇

「二十年三十年経《た》ったなれば、皆の者成程《なるほど》と思う日が来る程に」と約束された日を待つことなく、世間から吹きすさぶ冷たい嵐《あらし》の中を、一家心を寄せ合って通られた十六年ののち、大黒柱と頼るお父様が出直された。

そんな中で、教祖《おやさま》はこかん様を浪速にお遣《つか》わせになった。

いかにこかん様とはいえ、いかに教祖の仰せとはいえ、決して晴れ晴れとしたお気持ちで、勇んで浪速の街角に立たれたとは思えない。不遜《ふそん》ながら、そう拝す。

ところが長い道中を経て、お通りになった道筋に次々と確かな道がついている。

節は理を立てる旬。つらいとき、苦しいとき、悲しいとき、そんなときこそ神様の理を立てる旬。もったいなくも尊いひながたである。

◇

にをいは容易にかからない。さればこそ、いま、この道の信仰につながっていることのありがたさを思う。

思えば、十七歳で無いいのちをたすけていただいた父の信仰のおかげで今日がある。

長患いの若い病人がいると聞きつけ、数里の雪道を運んでくだされた布教師に、「息子は医者にかかっているから神様の信仰など必要ない」と祖父が一度は断ったものの、あまりの熱心な態度に、初めて神様のお話を聞き、おさづけを取り次いでいただいた。

その二日後、病状は急変。「明日までもつまい」との医者の言葉を障子《しょうじ》越しに耳にした父は、もう一度、あの布教師の話を聞いてみたいと懇願《こんがん》した。祖父は快く思わなかったが、あてにもせず、仕方なしに使いを出した。

父はその後、ひと筋に神様の御用にお使いいただき、七十七歳で出直した。

一人の布教師の真実の導きによって今日があると思えば、どうでも人さまにこの道を伝え続けて、その恩に報いさせていただきたいと思う。

草を引きながら

暑い夏も去り、気がついてみると、あちこちに雑草が目につく。スベリヒユ、ザクロソウ、コニシキソウ、クワクサ、シロザ、カヤツリソウ。雑草にもみんな名前がついている。

小さいものは放っておいて、とりあえず目につく大きなものだけを引いていく。根こそぎ抜けばよいのだが、草によっては根が残ってしまう。こんなやり方では、すぐまた雑草だらけになる。それに、田んぼや畑や草むらから、鳥や風が種を運んでくる。とにかく、まめに草を引くことだ。

◇

草を引きながら日々の心づかいを振り返る。羨《うらや》ましいほどの性格の人に出会う。明るい、優しい、素直……。ほこりにまみれたわが姿が情けなくなる。私もそうなりたいと思い、そうあろうと決意する。しかし、歩きだすと、すぐに心を濁《にご》らせてしまう。これがいんねんなのだろうか。

「慶応《けいおう》二年（一八六六年）秋、教祖《おやさま》は、

あしきはらひたすけたまへ　てんりわうのみこと

と、つとめの歌と手振りとを教えられた」（『稿本天理教教祖伝』73ページ）

おつとめによって神様は、わが胸の掃除に力を貸してくださる。積もったほこりを払い、人をたすける心に徳をつけてくださる。

◇

新しい世紀を迎えて、ますます困難な問題や悲惨《ひさん》な出来事に絶望してしまいそうになる。政治や経済、自然環境、社会や家庭、あっちもこっちも出口の見えない閉《へい》塞《そく》感に覆《おお》われている。

世界中の人間をたすけ上げたいとの親神様の思召《おぼしめし》実現まで、道のりは遥《はる》か、というより、絶望に近い思いをもつことがある。
しかし、九億九万九千九百九十九年も旬の到来をお待ちになって、「だめの教え」をお啓《ひら》きくだされた親神様の目からご覧になれば、陽気ぐらし世界のふしんにとりかかった今は、その緒についたばかりというところかもしれない。
これまで三度の出直しと八千八度《やたび》の生まれ更《か》わりを重ね、これからも生まれ更わりを繰り返し、陽気ぐらしのできる人間に成人していく長い道のりを思えば、何もむやみに焦《あせ》ったり絶望することはないのかもしれない。

せかいぢうをふくの人てあるからに
これすますがむつかしい事
（おふでさき　五号75）
いかほどにむつかし事とゆうたとて
わが心よりしんちつをみよ
（五号76）

世界一れつの胸を澄ます道は、心を澄みきらせ、親神様の自由《じゅうよう》の世界を確信していくわが歩みの足元からひらけていく。

歩いて見えてくるもの

親里の学校に勤めさせていただいていたころ、よく教祖伝ゆかりの地を訪ね歩いた。

吉野蔵王堂《よしのざおうどう》を経て金剛山地福寺《こんごうざんじふくじ》を辿《たど》るコースでは、途中、芋ケ峠《いもがとうげ》を越えた辺りで、ぞろぞろ歩く集団を奇異に感じてか、地元の方が「どこへ?」と尋ねる。「天理へ」と、真面目《まじめ》な顔で最終目的地を答える学生たちに「天理だったら、あっちあっち」と、いま歩いてきた方向を指さす。それもそのはず。ぐるっと百キロ、歩いて一周しようというのだから。

いまでは車で史跡を辿ることもできよう。しかし、足の不自由な秀司《しゅうじ》先生が「峠では随分困り、腰の矢立《やたて》さえも重く、抜いて岡田《おかだ》に渡した程《ほど》であった」（『稿本天理教教祖伝』149ページ）とご苦労くだされたお心をお偲《しの》びするには、歩いてもなお遠い。

◇

このところ車を運転することが多く、強《し》いて決意しないと、なかなか歩かない。忙しくて時間がないわけではないのに、ちょっとした距離でも車で行くことが当たり前になっている。

そんなわけで時折、気まぐれに歩いてみる。

普段は目に入らないが、歩いて初めて見えてくるものもある。歩きながらあれこれ思いを巡らせ、大切なことに気づくこともある。人との出会いも多い。なんといっても、歩いていると身も心もウキウキしてくる。

◇

道を歩く。

お道という。この道は教祖《おやさま》がおつけくだされた親神様直々《じきじき》の「陽気ぐらし」への道であり、万人たすかる道である。教祖お一人が歩き、幾多の先人が、その足跡を慕い歩いて踏み固めた確かな道が、私たちの足元から延びている。

歩くのは私。決して、ほかの人が代わって歩いてはくれない。自分の足を一歩一歩と前に出して、怠《おこた》らず進んでいくしかない。道を外《はず》れないよう、後戻りしないように。

時には、危なげな険しい個所もある。そこを、をやに凭《もた》れて一心に歩む。いま、私たちの心一つに、教祖は手を引いてお連れ通りくだされている。

少し開けたところに差しかかる。ふと振り向くと、素晴らしい絶景が眼下に広がっている。ああ、ここまで来たのか。歩いた者だけが味わう喜びである。

歩くことは手間もかかるし、苦労も伴う。しかし、どんな真実の言葉も、歩いた人から発せられたものでなければ力はない。

難《むつか》しい事は言わん。難しい事をせいとも、紋型《もんかた》無き事をせいと言わん。皆一つ〳〵のひながたの道がある。ひながたの道を通れんというような事ではどうもならん。……ひながたの道より道無いで。

（おさしづ　明治22年11月7日）

初冠雪に想う

遠い飯豊《いいで》連峰に初冠雪が見られた。雪化粧した山々が陽光にまぶしく映える。飯豊に三度雪が降ると、里に降りてくるという。冬の近づきを実感させる。

あんなに青々と茂っていた隣のポプラ並木も、いまはどんどん葉を落としていく。以前、親里の街路樹イチョウが、風もないのに音を立てながら一斉に落葉していくのを目にしたことがある。一枚の落ち葉が次々と仲間を誘い、見る見るすっかり葉を落とし、根元が一面、黄色いじゅうたんと化した。

◇

春に芽吹き花咲き、夏に茂り、秋に落ちる。しかし、それは一枚の葉の終わりであっても、いのちの終わりではない。

よく見ると、落ち葉の前に、もうちゃんと新しい芽が用意されている。落ちていく葉は、今年の春から夏にかけて養分をつくり、次の世代を育ててきたのだ。いま、その役目を終わろうとしている。

一カ月ほど前のことだ。スモモが白い花をたくさんつけているのを見つけて驚いた。少し冷えた日が幾日かあって、そのあとの小春日和《びより》に誘われて、二度咲きしたのだろう。このスモモ、夏前に毛虫にやられて、すっかり裸になってしまっていたのに、密《ひそ》かに花を咲かせる準備をしていたのだ。

◇

あきらめたり、決めつけたり、見限ったりしがちなわが心を省《かえり》みる。思えば皆、かけがえのない人生を生きている。魂は生き通し。今日一日が明日を育《はぐく》んでいく。この人生の中に、来生の芽が育まれている。今日一日を、この人生を、ご破算にするわけにはいかない。

教祖《おやさま》は、一枚の紙も、反故《ほうぐ》やからとて粗末になさらず、おひねりの紙なども、丁《てい》寧《ねい》に皺《しわ》を伸ばして、座布団の下に敷いて、御用にお使いなされたという。

「皺だらけになった紙を、そのまま置けば、落とし紙か鼻紙にするより仕様《しよう》ないで。これを丁寧に皺を伸ばして置いたなら、何《な》んなりとも使われる。落とし紙や鼻紙になったら、もう一度引き上げることは出来ぬやろ。

人のたすけもこの理やで。心の皺を、話の理で伸ばしてやるのやで。心も、皺だらけになったら、落とし紙のようなものやろ。そこを、落とさずに救《たす》けるが、この道の理やで」（『稿本天理教教祖伝逸話篇』四五「心の皺を」）

話の理を聞き分けて、心を入れ替え、生きながらにして生まれ更《か》わり、たすかるこの道。あきらめずに、見捨てることなく、お連れ通りくださる親心に応《こた》えて、一れつたすけをお待ちかねくださる教祖の道具衆として、どこまでもたすけ心を失うことなくつとめさせていただきたいと思う。

第三章

「世界の鏡」に映るもの

いま、魂の表舞台に立ち

ドラマには、幸せを演じる役もあれば、いつも苦労ばかりしている役もある。善良な役も必要だし、悪役も欠かせない。ドラマにはいろいろな役回りの人が要《い》る。ドラマとは知りつつ、いじめられる人はかわいそうにと思う。いつも苦労ばかりしている人が少しは報われると、「やれやれ」と安堵《あんど》し、悪役には「早く裁《さば》かれたらいいのに」と思ったりする。

ドラマだったことを思い出し、ハッと我《われ》に返ると、感心するのが悪役だ。悪いことばかりして人を困らせる。本人には自責の念も反省の念もうかがえない。最後には改心する場合もあるが、改心せぬまま、とうとう裁かれてしまう。こんな役を演じきる役者は、シナリオ通りに演じているのだろうが、たいした技だと思う。

◇

病気、災難、不運……。時として逃げ出したくなるほど悲しく苦しい場面に出合うことがある。そんなとき、ふっと思ってみるのだ。私たちはドラマを演じているのではないかと。そう考えると、目の前の苦しみ、悩みがやわらぎ、少しは気が楽になる。

自分で望んだわけではないけれども、奇《く》しきいのちを与えてもらい、親子という不思議な縁を結んでもらって、この世に送り出されてきた。気がついてみれば、私は舞台に立っている。観客ではなく、一人の役者として。

とかく人の役回りが羨《うらや》ましくなる。あの人は大金持ち、その人はカッコいい、この人には才能がある。それなのに自分だけがどうして……。

あの役がいいなと思っても、自分に与えられたのはこの役。みんな同じ役回りでは舞台にならない。大金持ちの役も、お金に心がとらわれて、ほんとうはかわいそうかも。カッコいい人も才能がある人も、自分にはとても相応《ふさわ》しくないと思いながら、期待される役回りを演じきらねばならない苦しみも悲しみもあるだろう。

人を困らせ苦しめる悪役も、それによって周りを引き立たせ、人の心を磨き成長を促す大切な役割を担うこともあるが、本人は、こんな自分はいやだなあと思いながら、損な役回りを演じているのかもしれない。

◇

この世という舞台で、あの人もこの人も、私と同様、それぞれ与えられた役回りを演じている。容姿も衣装も境遇も、すべて舞台の役回りのうえから与えられたものだ。

では、役を演じている私とは？

私の本性は、遥《はる》か昔から、いまもこれから先も、何度も生まれ更《か》わりを重ねながら、いつまでも生き通していく魂。この世で陽気ぐらしができる人間へと成人していけるよう、相応しい役が与えられて、いま舞台に立っている。

たった一度だけしか演じられないこのドラマには、登場する役者や幕開けの背景はあらかじめ設定されているが、その後の展開は演ずる役者の創作に任されている。

善人がなおも徳を積んでいくか、あるいは、ふとしたことから悪の道にそれてしまうか。なかなか立ち直ることが難しい悪人が、なおも悪行を重ねていくか、あるいは、何かをきっかけに生きながらにして生まれ変わるか。

この魂の表舞台で、与えられた役回りをいかに演じるか。心の持ち方、身の行いが一つひとつ魂に刻み込まれていく。相応しい役回りを与えられていまがあり、今日の生き方が明日を決めていく。

私たちは皆、限りない慈《いつく》しみと、隔てなく大いなる親心をもって、成人の道をお連れ通りいただいている。いまはいかに困難であろうとも、

「こんなとき、どうする?」

「やってごらん」

と、私に役を与えてくだされた御心《みこころ》に真っすぐ応《こた》えていきたい。

一人の信仰が世界を救う

いま、宗教に対する不信感がある。

「宗教はこわい！」

「宗教はウサンくさいもの」

「人をだまして金もうけをたくらんでいる」

「洗脳されたら大変だ」

また、宗教に対する誤解もある。

「信仰など弱い人がするもの」

「宗教などに頼らなくても、それぞれ自分の力で生きていったらいい」

「いまは科学の時代。宗教の時代は終わった」

果たしてそうだろうか。

◇

「宗教戦争」と呼ばれるものがある。アメリカでの9・11同時多発テロによって、普段なじみのない「イスラム原理主義」が多くの人々の知るところとなった。それに対するアメリカによるアフガニスタンへの報復。これを十字軍遠征と重ね合わす人もいる。

「人間を救済する」という宗教が戦争をする。「だから宗教は……」と決めつけてしまいがちだが、科学についても同じことが当てはまる。人類の未来を閉ざしかねない自然環境の破壊は、科学技術文明によってもたらされたものだ。

宗教か科学か、どちらが正しいのか、そういう問題ではない。

人間はどう生きるのか、これが問われているのである。

◇

私たちは限りのある世界に生きている。地球という広がりも、資源も、時間も、そして私たちの生命にも限りがある。この限りのある世界で、どのように生きていくのか。

また、私たちはたくさんの人々と共に生きている。私が生きていることが、私にとって第一に大切なことであるのと同じように、他の人にとっても、自らが生きることは第一に大切なことに間違いない。とすれば、他の人の生きている事実を否定するのではなく、そこに重い軽いの区別をつけるのではなく、いかにして他の人たちと共に生きていくのか。

限りのある世界の中で、人々と共にいかにして心満ち足りて、希望をもって生きていくのか。宗教も科学も、この生き方に関《かか》わっており、この生き方を支える思想であり、道具である。

「今さえ良ければ」「我《われ》さえ良ければ」という、飽くなき欲望に宗教や科学が使われれば、悲惨《ひさん》な結末となることは、歴史が教えるところである。

◇

人はいろいろな苦しみ、悩みをもっている。身体《からだ》を病み、夫婦・親子の人間関係に悩み、仕事や生活も先行きが不安になる。

あるいは、自分は明るく快適な暮らしを楽しんでいて、苦しみ悩みはなくとも、気がつかないまま、人を傷つけ、苦しめ、悩ましているかもしれない。それは人を苦しめるだけでなく、憎しみや恨《うら》みとなって、わが身をさいなむことだろう。こうした苦しみ、悩み、憎しみ、恨みの輪から抜け出すことは容易ではない。

宗教とは世界中のすべての人間を、その根元から救おうというものである。

宗教の救済は、人間を差別するものではない。「オサマ・ビンラディンもたすけなければならないのか?」と聞かれたことがある。仮に9・11事件の首謀者《しゅぼうしゃ》だとしても、それならばなおのこと、彼こそたすけなければならない、たすからなければならない。

いずれの宗教も、世界の成り立ちについて、人生の目的について、人間の生き方について、それぞれ絶対の教義をもっている。どれが正しいのか、どれが間違っているのか、私たち人間には分からない。しかし、どの教義がどれだけ人間を救う力があるのか、この違いは確かにあると思う。

宗教には、時には非合理と思われる面も少なくない。しかし、私たちは必ずしもすべて合理的な世界に生きているわけではない。科学とて、その誕生と発展の過程や現実の応用面でも、多分に非合理のベールに包まれている。

◇

宗教が目指す救済とは、限りある世界の中で、人々と共にいかに充実した生き方をしていくかにかかっている。

今日の社会は、あちこちに破綻《はたん》をきたしている。私たちは生き方を変えなければならない。

信仰は人間の生き方を変える。信心は自らの苦しみ悩みを克服する力となる。そして一人の信仰は、世界中の人間の救済に繋《つな》がっていく。

そのためにも、まずは宗教を、不信感と誤解から救い出さなければならない。私の信仰のささやかな歩みが、少しでもそのお役に立てますようにと、日々願うばかりである。

追いやられた夜と死

追いやられた夜と死

人はいずれ死ぬ。死に際《ぎわ》に身体《からだ》の苦しみ、心の悩みにもだえる人も多い。誰《だれ》もが「安らかに死にたい」と望むが、なかなかそうはいかない。がんの末期に、激しい苦痛に襲われながら亡くなっていく姿をよく見聞きする。苦しむ身内を見て、「どうかこの苦しみを早く終わらせてほしい」と願うことも。

近年、鎮痛剤を上手《じょうず》に使用することで、がんの痛みはほとんど征服されたという。しかしいまのところ、どの病院でも鎮痛剤をうまく使えるとは限らない。WHO（世界保健機関）では、この技術を世界中の医師に徹底させることを緊急の課題としている。

オランダでは耐えがたい苦痛を訴える患者に対して、本人の意思があれば、致死量の薬剤によって積極的にいのちを断つ「安楽死」が認められている。人口千五百万人の国で、安楽死する人は年間二千人。安楽死は、病気による身体の痛みだけではなく、人生に絶望したという心の苦痛を訴える人にも広げられようとしている。

◇

一方、病院では、たくさんの管につながれたスパゲティ状態で、強制的に生きさせられているだけではないかと思える場面もある。一分でも一秒でもいのちを延ばそうと、ひたすら延命を追求してきた現代医療の成果？　である。

不治の病となったら、いたずらに延命せず、自然に死なせてもらいたいと「尊厳死」を望む人も少なくない。健康なときから、その旨《むね》を「リビング・ウィル（生前発効の遺言書）」に残しておく人も増えてきている。リビング・ウィルには、植物状態になったら生命維持装置を外《はず》すことも要請されている。

人の心は揺らぐ。「死にたい」と思っていても、いよいよ苦しくなると「生きたい」ともがく。健康なときにリビング・ウィルを残しておいたとしても、いざというとき、本人の希望であればと生命維持装置を外してよいものかどうか。「死にたい！」という訴えは、「死ぬほど苦しい気持ちを分かってもらいたい」という意味であることも多い。

また、植物状態といえども全く意識がないのではなく、「分かっているが反応がないだけ」なのかもしれない。そして、「やはり生きたい！」と叫んでいるかもしれない。リビング・ウィルがあるからといって、栄養補給や水分補給の点滴まで外して餓死《がし》させることが、果たして「尊厳死」といえるだろうか。

◇

人間はいろいろな物を大量に生産し、自然を思うままに改造し、豊かで便利で快適な生活をどこまでも追求してきた。いまや人間の誕生だけでなく、死をも思いのままに支配しようとしている。

現代文明は飽くなき欲望に身を任せ、昼の明るさに酔いしれている。追いやられた夜と死は、ひそかに昼の世界にしのびより、一人ひとりの心と身体、家庭や社会のあちこちをむしばんでいる。

クローン人間誕生!?

平成十四年（二〇〇二年）十二月のテレビや新聞は、「スイスを本拠地とする宗教団体ラエリアン・ムーブメントが二十六日、世界で初めてクローン人間を誕生させた」と報道した。

同団体のポワセリエ博士が明らかにしたものだが、不妊に悩むカップルの希望に応じて、三十一歳の米国人女性の皮膚と卵子からクローン人間を誕生させたという。いま、遺伝子解析を行っており、近いうちにクローンであることを証明するとした。

畜産分野では研究が進んでいるクローン技術も、人間への適用には倫理的にきわめて重大な問題をはらんでいる。

幸いなことに、平成十五年に入ってからの報道では、ＤＮＡ鑑定を依頼された米国の科学ジャーナリストが「ラエリアンを宣伝するための、巧妙なでっちあげの疑いがある」として科学的検証を見合わせたという。

ラエリアンは、さらにその後、「数年前に事故で死亡した日本人男児のクローンを、代理母で出産させた」とも発表したが、信憑性《しんぴょう》は低い。

◇

クローン人間は精子と卵の受精を経ることなく、一人の人間の遺伝子を全面的に引き継いで生まれてくる。たとえて言えば、孫悟空《そんごくう》が、抜き取った髪の毛に息を吹きかけると、無数の分身が登場するようなものである。

もちろん実際のクローン人間の場合には、コピーとはいっても、遺伝子を提供する人間と同じ年齢のコピーをつくれるわけではない。やはり子宮で育《はぐく》まれ、赤ちゃんとして出産されるからだ。ただ、遺伝的には元の人間と全く同じという意味である。

自然な状態でも、一卵性の双子は全く同じ遺伝子をもって生まれてくる。一卵性双生児は意図的につくられたわけではないが、クローンには違いない。この場合は同じ年齢であり、両親を共にする兄弟である。

年末に報道されたケースでは、不妊に悩むカップルの希望に応じて、二人の間の子として、女性の遺伝子だけをまるまる引き継ぐクローン人間を誕生させたという。このクローンにとって親は誰《だれ》になるのだろうか。遺伝子を提供し、お腹《なか》を痛めて生んでくれた女性だろうか。しかし遺伝的には、この女性の両親の遺伝子を引き継いでおり、女性とは親子というより、年齢は大きく離れるが、遺伝的には双子の姉妹というべきだろう。

親は誰かという難しい問題を抱えたクローンを、このカップルはどのように育てるのだろうか。親子という愛情で育てることができるだろうか。何よりも、この子が大きくなって自分の出生の事実を知ったとき、「私は誰?」と、その曖昧《あいまい》なアイデンティティーに深刻な悩みを抱えることだろう。

◇

「人々は、我《われ》さえ良くば今さえ良くばの風潮に流れ、また、夫婦、親子の絆《きずな》の弱まりは社会の基盤を揺るがしている」（『諭達第一号』）
「世の中が目まぐるしく移り変わる中で、人々の価値観は揺らぎ、心の絆が失われゆく今日……」（『諭達第二号』）
人間として最も基本的な「親子の絆」が危機に瀕《ひん》している。子育てに無関心な親、過干渉の親、自分が決めたレールの上をひたすら走らせようとする親。ついには、遺伝子にまで立ち入って、わが子を思いのまま支配しようというのか――それは生まれてくる子どもにとってばかりか、親にとっても悲劇となるに違いない。

人間の手と心

平成十五年（二〇〇三年）六月三日、夜のNHKテレビ「プロジェクトX」で、画期的なプラズマテレビ開発のドキュメントが放映された。

高度な科学技術を駆使した成果ではあるが、開発の段階で一つの課題が持ち上がった。画面の一千分の一ミリの凹凸《おうとつ》を滑《なめ》らかにしなければならない。機械も及ばぬこの細かい工程を成し遂《と》げたのは、ある女性工員。紙ヤスリで丹念に磨くという手作業だったことが印象的であった。

◇

それで思い出した。

この年の二月、二年前の右目に次いで、左目の白内障の手術をした。「手術をした」というのは、正確には間違い。私は何も手を使っていない。お医者さんに「手術をしてもらった」のだ。

顕微鏡でのぞきながら手術をする。手術の間の二、三十分は、セキやクシャミはもちろん、眼球を動かしてもいけない。それほど微妙な手術で、きっと〝お医者さんの手〟はすごいんだろうと感心した。

このお医者さん、次の日に受診に行くと、口でものを言わず、身振り手振り。そばのティッシュでたびたび鼻をかんでいる。風邪《かぜ》だろうか？　右手の人指し指と親指でマルをつくってくれた。「順調だ」というメッセージだろう。

その翌日、受診に行くと、「インフルエンザのため、しばらく休診」と張り紙。お医者さんも風邪を引くんだと、当たり前のことに合点《がてん》がいった。

◇

ところであの日、お医者さんの体調が悪くて、手元がふらついたら……と考えると、急に怖くなった。あらためて〝お医者さんの手〟はすごいんだろうなあと感じ入った。

高度な機械があっても、それを使いこなすのは結局〝人間の手〟。人間ってすごい。手ってすごい。

動物の中でも、手を動かす繊細《せんさい》さは人間が群を抜いている。そして、人間の身体《からだ》の中でも、手ほど意のままに動くところはない。さらに言えば、手を動かそうとする「心」の動き。心のこまやかな動きが、手の微妙な動きの発信源といえる。

そう思うと、人間の心の動きほど繊細なものはない、ということになる。私たちが生きているこの世界で、第一に驚かされる不思議だ。

◇

しかし、もっとこまやかなのは、そういう人間をこの世界に首尾よく登場させた「なにもの」かの心。いったい誰《だれ》なのか？

教祖《おやさま》は、それを「月日親神様」とお教えくだされた。

ないせかいはじめよふとてこの月日
たん〳〵心つくしたるゆへ
（おふでさき　六号85）

月日よりたん〳〵心つくしきり
そのゆへなるのにんけんである
（六号88）

親神様は心を尽くして世界と人間をお創《つく》りくだされたばかりか、長い年限をかけてお育てくだされ、しかも、このうえなくこまやかなお心で、いまも人間と世界をお守りくだされている。

出口なき報復の連鎖

イラク戦争に目を奪われて関心が薄れていたが、イスラエルとパレスチナの、自爆テロと報復攻撃の連鎖《れんさ》には心が痛む。歴史的に複雑で根深く、深刻な問題で、解決への道のりは見えていない。ほとんど絶望的にも見える。

ところが、先日のNHKのドキュメント番組で、かすかな希望の光を見たような気がした。それは双方の被害者の肉親が、お互いの苦しみを語り合う集いが始まったことだ。

パレスチナの自爆テロによって妻を殺された夫、イスラエルの無差別報復攻撃によって息子を殺された母親。それぞれは、ますます恨《うら》みを募らせていく。それがまた自爆テロを引き起こし、報復攻撃につながる。

この出口のない連鎖の中で、「これはおかしい」と気がついた双方の人たちが、壁を越えて、憎しみを超えて、集まり、語り合い始めたのだ。そして、イスラエルの報復攻撃で肉親を失ったパレスチナ人が自国の自爆テロに反対し、自爆テロで肉親を失ったイスラエル人が自国の報復攻撃に反対する行動に踏み出した。

まだまだ小さな動きだが、対立するイスラエルとパレスチナに対し、この第三の勢力が生まれつつあることに、かすかな希望を見たような気がする。

◇

私たちの身近にも、夫婦や親子という最も近い間柄でさえ、憎み合い、恨み合い、拒絶に至ってしまうことがある。それなりに事情があってのことだろう。人間というのは、そもそも分かり合えないのだろうか。和解できないのだろうか。絶望的にもなってしまう。

しかしこうした絶望も、イスラエルとパレスチナという歴史的にも根深く深刻な相剋《そうこく》でさえ、乗り越えようとする動きに、大いに勇気づけられる。

◇

月日にわにんけんはじめかけたのわ
よふきゆさんがみたいゆへから
（おふでさき　十四号25）

親神様はこの世の元初《はじ》まりに当たって、人間が陽気ぐらしをするのを見て共に楽しみたいと思召《おぼしめ》されて、人間と世界を創造された。陽気ぐらしこそ人間生活の目標である。

せかいぢういちれつわみなきよたいや
たにんとゆうわさらにないぞや
（十三号43）

世界中の人間は、等しく親神様を親と仰ぐ子どもであり、お互いは兄弟である。

月日よりしんぢつをもう高山の
たゝかいさいかをさめたるなら
（十三号50）

このもよふどふしたならばをさまろふ
よふきづとめにでたる事なら
（十三号51）

親神様は人間の争いをご覧になって、その骨肉《こつにく》相争う愚《おろ》かさを嘆かれ、おつとめによって平和世界を守護すると約束くださっている。

天理教の教会で勤められるおつとめは、実に世界平和を祈念するおつとめなのである。

この世は一寸先は闇？

この前、ほんの近い身の回りで、ぞっとするような出来事があった。ハッと気がつけば、崖《がけ》っぷちに立っていたのだ。知らないとはいえ、そんな危ないところにいたとは！

危機一髪で、危ないところをたすかった。もしあのまま進んでいたら、間違いなく大変なことになっていただろう。思い返すだけで、ぞっとする。

私たちはたいてい、こんなに文明が開け、先々まで見通すことのできる、明るい世界に生きているように思っている。昨日から何ごともなく平穏《へいおん》に今日を迎えたように、明日もまた来ることを何も疑わない。

しかし昔も今も、私たちはやはり、一寸先に何が起こるか分からないような暗闇《くらやみ》の世界に生きているのではないかと思うことがある。

◇

平成十六年（二〇〇四年）の七月、集中豪雨による水害で、たくさんの人たちが被災した。上流に降った激しい雨が川の水かさを増し、下流の堤防を決壊《けっかい》させたのだ。

危ないと警告されてから決壊するまで、あっという間だった。ほとんどなんの避難もできないまま、濁流《だくりゅう》に押し流されてしまった。

被災された方々には、なんと申し上げてよいやら言葉が見つからない。一日も早く安らかな日々を迎えられるよう祈る思いだ。

たくさんの方々がボランティア活動に立ち上がったことや、宝くじの当たり券を匿名《とくめい》で寄贈した方の善意などが、つらく悲しく倒れそうになる心を少しは安堵《あんど》させてくれた。

◇

以前、ＮＨＫ「映像の二十世紀」というドキュメンタリー番組の中で、新潟の二十世紀は〝治水の世紀〟だったと述べられていたのを思い出す。梅雨《つゆ》どきになると、人々はいつも信濃《しなの》川という大河の、いつ起こるかもしれない決壊におびえていた。土地が低いために、秋になっても田んぼに水がいっぱいで、舟に乗って穂先だけを刈り取る収穫風景を写真で見たことがある。

こんな新潟平野が、分水や排水機などの大事業によって、今日のような穀倉地帯に生まれ変わったのだ。

それでも、今回のような激しい雨になると、思いもかけないところで大きな綻《ほころ》びが生じてしまう。

◇

この世界も人間身の内も、普段は火・水・風の調和のとれた恵みを受けて、つつがなく維持されている。この調和が崩れるとき、災害となり、そして病気になる。

教祖《おやさま》は、この世界はどこまでも親神様のからだであり、人間はそのふところに住まいしていると教えられた。この神は人間を罰《ばっ》し、支配するのではなく、人間が互いにたすけ合う陽気ぐらしを楽しみに、この世と人間を創《つく》り、長の年限、限りない慈《いつく》しみのままにお育てくだされ、いまも、世界中の子どもかわいいいっぱいの親心から、一人ひとりを陽気ぐらしにお導きくださる、元《もと》なる神、真実の神、親なる神である。

この世界がいっさい親神様のからだであり、親神様の与《あずか》り知らぬことは何もないとなれば、なぜこんな災害が起こるのだろうか。

◇

私たち人間が、親神様の創造の思召《おぼしめし》通り、互いにたすけ合うところ、親神様は、その自由自在《じゆうようじざい》の働きを現し、この世は陽気ぐらし世界へと立て替わってくると約束されている。

ところが、どうだろうか。

人間は、我《われ》さえ良くば今さえ良くばと、欲の心からなかなか離れることができない。己《おのれ》の欲望を満たすことで幸せになれると思い誤っている。欲の心は、人を苦しめ困らせるばかりか、自らをも傷つけていくことを知らない。

調和のとれた火・水・風の働きを頂戴《ちょうだい》できないのは、まさに私たち人間の心の成人の未熟さゆえであり、人間が互いにたすけ合う心、やさしい心に成人する日を、親神様はどんなにか待ちわびておられる。

ひと足先に親神様の思召にお引き寄せいただいた私たちが、まず自ら互いたすけに生きて、世界中の人間が陽気ぐらしを味わえる道を、一日も早く、一人でも多くの方々にお伝えするようにと、親神様は強くお促しくださっている。私たちはこのたびの出来事を、そのように受けとめている。

どうか救われますように

今日も国の内外から驚くような悲惨《ひさん》な出来事が、平穏《へいおん》な茶の間にテレビや新聞を通して流れてくる。戦争やテロばかりではない。バスジャックや学校襲撃、通り魔もある。

それどころか、愛し合い、たすけ合うはずの夫婦、親子という最も近い関係で、憎み、傷つける姿には驚きを超えて悲しくなる。憎みながら一緒になった夫婦はいないのに、どうしてこんなことに！

かわいそうなのは、被害を受けた人たち、戦争に巻き込まれた子どもたち、テロで殺された人たち。どうしてバスジャックや通り魔に殺されなければならなかったのか！

直接被害を受けた人たちばかりではない。残された家族の心の傷は、どんなに深いことか。どんなに長い時間がたっても、容易に癒《い》やされることはないだろう。

一方では、戦争を起こし、若者を戦場に送り込み、これは正義の戦争だと胸を張る指導者たち。なんの関《かか》わりもない民衆を巻き添えにするテロの当事者たち。そして、バスジャックや通り魔の犯人たち。彼らは、みんなから一斉に「極悪非道」と非難される。当然だろう。

◇

ところで、かわいそうなのは被害を受けた人や関係する家族たちだけだろうか？

「救わなければならないのは当然、被害者！」

「加害者を救うなんてとんでもない！」

そうだろうか。

もちろん、被害を受けた人たちはかわいそうだ。無念だ。いますぐにも手を差し伸べなければならない。

だからといって、加害者は放っておいていいのだろうか。葬《ほうむ》り去ってもいいのだろうか。むしろ、ほんとうの意味で、かわいそうなのは加害者ではないか。ほんとうの意味で救わなければならないのは、加害者ではないだろうか。

加害者にも一理あるからではない。救いの、最も遠いところにいるからだ。

◇

世界中の人間は等しく神の子。人間は本来、お互いたすけ合う兄弟。

私たち一人ひとりの魂は生き通し。何度もこの世に新しい身体《からだ》を借りて生まれ更《か》わってくる。

人を苦しめ傷つけた人たちは、その一生を悔《く》いの中で送ることだろう。あるいは、悔いることなく終わるかもしれない。しかし、人を苦しめ傷つけたその返り血は、魂に消えることなく刻み込まれている。生まれ更わっても、その血の跡は消えることはない。その苦しみから容易に逃《のが》れることはできないだろう。

人を苦しめ傷つけ殺した人たちが、わが犯した罪を心から反省し、深く詫《わ》び、罪を償《つぐな》い、心が生まれ変わることがなければ、傷つき殺された人たちの無念さは、あだになってしまう。

救いの最も遠いところにいるこの人たちも、見捨てられることなく、どうか救われますようにと、悲惨な事件を耳にするたびに、心から祈っている。

新潟大地震、その時……

平成十六年（二〇〇四年）十月二十三日、午後六時ごろのこと。夕づとめは、その十五分前に始まった。親神様の御前でのおつとめを終え、教祖《おやさま》の前に座って一日のお礼を申し上げようとする、ちょうどその時だった。

突然ユサユサユサユサと、音とともに大きな揺れ。ただただ驚いて、

「教祖！」

と叫ぶようにひれ伏し、揺れが鎮《しず》まるまで頭を上げることができなかった。大きな障子《しょうじ》戸がひとりでに、さーっと開く。お社《やしろ》のお鏡は、幸いなことにお社側に傾いて倒れただけだった。

とっさに地震だと了解したものの、二十メートルものパイルを打ち込んだ基礎の上に建っている鉄骨造りのこの神殿が、もし地震で倒壊するとすれば、よほどのことだと頭では分かっていた。だが、あとで震度4と聞いて、ほんとうにそんな程度だったのかなと疑うほど、その時は怖かった。

大きな余震が続くなか、所用ですぐに車で出かけた。途中、余震だろう、道路脇《わき》を歩いている老人がよろめいたのを目撃したが、車に乗っているとあまり揺れを感じない。

ラジオで震源地を知り、近い部内教会に携帯電話で連絡を取ろうとするが、回線が混乱していて、とうとうその日は連絡がとれなかった。

余震は続き、不安な夜を過ごしたが、被害の全容が明らかになったのは、翌日以後のことだった。被害は殊《こと》のほか大きく、広範囲に及び、家屋の倒壊、道路の陥没、山崩れ、新幹線の開業以来という脱線事故となっていた。

一方、余震も容易にやまないなか、次々と救助の人々が現地入りし、危険を冒《おか》して懸命に救助に当たる姿に、人のたすけ合う美しさ、やさしさをあらためて知らされた。

被災し、いまも不自由な避難生活を余儀なくされている方も多い。復旧には長い時間がかかるだろう。一日も早く平穏《へいおん》な生活を取り戻すことのできるよう祈るばかりだ。

◇

ところで私事だが、これより一カ月ほど前から目にかすかな違和感を覚えていたが、気のせいだろうと軽く考えていた。地震の二日後、ほんの軽い気持ちで受診したのだが、「網膜剥離《もうまくはくり》」と診断され、即刻入院、手術となった。三分の一が剥離していて、これ以上進めば失明と聞かされ、被災地のことなどを心配しながらも、身動きがとれなくなった。

二週間の安静のあと、退院の運びとなった。入院中は病院のラジオで伝えられる被災状況に耳を傾けていたが、術後、被災地をこの目で見たときは、被害の甚大《じんだい》さに圧倒された。

退院に当たり、医者からは十キロ以上の重い物をもつな、車の運転はいけない、畑仕事は三カ月たってから、などと言われたが、半月ほどたったいま、おかげさまで日を追うごとに元気が出てくる。

いままで目が見えることをありがたいとは思っていたが、こうして失明寸前の目に再び光を与えていただいたいま、その思いはひとしおだ。手術によって見えるようになったことはもちろん、それだけではなく、いままでずっと見えていたことが、どんなにありがたいことだったのか、身に染《し》みてよく分かる。

◇

これほどまでに科学が進歩し、文明が進んだいま、私たちは先の先まで見通せる明るい世の中に生きているように思う。しかし、この平穏は時として不意に破られる。そのとき、明るい今の世も、やはり昔と変わらず、一寸先は真っ暗闇《くらやみ》だと知る。

平穏さのなんとありがたいことかを知るのも、そのときだ。平穏な一日一日は、奇跡・幸運の限りない重なりによってもたらされているのだ。生きている今日一日のなんとありがたいことか。

「この世に神はいるのか？」

「この世に神はいるのか？」

この言葉は、未曾有《みぞう》の大惨事《さんじ》となったインドネシア・スマトラ沖地震による津波被害を受け、英国国教会のローワン・ウィリアムズ・カンタベリー大主教が表した嘆きと伝えられる（『読売新聞』平成17年1月3日）。

「感覚がまひする規模のこのような苦しみを容認する神を、どうして信じられようか」

と、信仰に対する疑問を呈《てい》したと報道されている。

「神も仏もあるものか！」

「この世に神はいるのか？」

私たちも身の回りに思いがけない出来事が起きると、よくこう言う。

犠牲になった方々、被災された方々には、掛ける言葉もない。

身内などの、ごく近い方が、

「代われるものなら、私が代わりになるのに」

と言っても、代わってやることはできない。

被災された方々を前に、私たちも心が痛む。一日も早く、元気になってもらいたい。一日も早く、生活を立て直してもらいたい。そう願うばかりだ。

そんななか、多くの人から義捐《ぎえん》金が寄せられ、またボランティアに駆けつける方々も多く、人の心のやさしさにほっとする。

◇

「この世に神はいるのか?」

この疑問は、世界に七千万人以上いる英国国教会信者の頂点にある大主教から発せられている。もちろん大主教は「そういう疑問が生まれても無理はない」と言って理解を示しているのであり、大主教自身が「この世に神はいない!」と断言しているわけではないと思う。

私たちは「神とは、人間に無限の愛を注いでくれるもの」と思っている。つらいこと、悲しいことがあるたび神に祈る。新年や受験シーズンになると、神社はにぎわう。

「どうかお願いします。私の願いを聞いてください」

時々、私たちは「ともかく自分に幸運を」と勝手な祈願をする。神はこんな勝手な願いにどう応《こた》えてくれるだろうか。願った人だけに、願っただけの幸運を気前よくプレゼントしてくれるだろうか。

あるいは人によっては、他人の不運を願うこともあるかもしれない。こんなとき、幸運を願う本人と不運を願う他人と、神はいったいどっちの願いを聞いたらいいのだろうか。

◇

「そんなめんどうな！　そもそも、この世に神はいないんだ！」

そう言う人もたくさんいる。

しかし、そんな人でも、これまで起きたこと、いま起きていること、これから起きることが偶然の仕業《しわざ》であり、避けられないことであり、自分の力だけしか頼りにならない、などとは思っていないのではないか。

「どうか、明日も元気でありますように」
「どうか、この仕事が順調に進みますように」
「どうか、この子が幸せになりますように」

と、祈らない人はいない。

「いや、それは希望だ」

そうだろうか。やはり、私たちの力を超えた〝大いなる存在〟に向かって祈っているのではないか。

私たちの人生にも山あり谷あり、崖道《がけみち》もある。つらいこと、苦しいことはいっぱいあったが、それらを越えて、いまを生きている。

アメリカでの同時多発テロで夫を失った方が、直後に生まれた息子を育てながら

三年過ぎたとき、

「夫は自分の死を通して、どんなに苦しくても、乗り越えられないものはないことを教えてくれた」

と言っていた。

人は困難な出来事から多くを学ぶ。そうやって強く生きていく。見えなかったものが見えてくる。

人類の歴史を見ても、幾多の苦難があった。

「これで世界は終わりだ」

そう思う絶望的な出来事は、たびたびあった。

しかしいま、人類は生きている。いろいろなことがあったが、それでも民族を超え、国境を越えて、理解し、たすけ合うことを学んできた。

こうした一人ひとりの人生や人類の辿《たど》ってきた道を振り返ってみると、どんなことが起きても、それでもこの世に神はおられ、一人ひとりの、そして人類の成長を楽しみに導いておられると思う。

慎みの心を持つ

交差点の近くでバスを待っていたときのこと。大きな衝撃音とともに、目の前で車同士が衝突。信号の変わりばなだった。対向車線からやって来て右折しようとするワゴン車に、スピードを出して直進するタクシーが衝突したのだ。ワゴン車は一八〇度回転して、後ろ向きにそのまま横転してしまった。

どうなることかと思っていたが、しばらくしてワゴン車の助手席のドアが上向きに開いて、若い頑丈《がんじょう》そうな運転手が、まるでマンホールから地上へ出てくるようにぬっと姿を見せたのだ。ほっとする間もなく、手際よくパトカーが来た。

◇

よく「それはまさに交通事故だ」などと言う。偶然で、しかも避けられない出来事のことだ。

たしかに、真っすぐ走っていても、センターラインを越えて対向車が飛び込んでくるかもしれない。一列に右側を歩いていても、無謀な運転手がなぎ倒していくこともあり得る。決して安全ではない。

考えてみれば、交通事故だけではない。天変地異、通り魔による犯罪など、いつ何が起きるか分からない世の中だ。

よく車に「交通安全」のお札をぶら下げてあったりするが、あれは気休めなのだろうか。魔除《まよ》けがほんものなら、こんなに事故は起きないのに……。

たびたび事故を起こしてしまう人がいる。めったに事故には遭《あ》わないという人もいる。その違いは単なる偶然だろうか。それとも事故を起こしやすい運転と、事故に遭わないような秘訣《ひけつ》があるのだろうか。

◇

「慎《つつし》みの心で運転すれば、めったに事故にならない」と言う人がいる。たしかに、たすけ合いの精神で慎み深く運転することは、誰《だれ》もがよしと認めることだ。強引な、一人よがりの運転は、自分だけでなく人をも大事故に巻き込んでしまうだろうと、容易に想像できる。

問題は、慎みの心を持ち続けることだ。心がけていても、誰しもイライラすることも、腹の立つことも、落ち込むこともある。穏《おだ》やかな心を持ち続けることが大切なのは言うまでもないが、それを自分でコントロールできるかどうか。

そこに自分の力を超えた何ものかの大きな力を感じる。常日ごろから感謝と慎みとたすけ合いを心がけることが、いざというときにも身を守ることにつながると信じる。

月日にわどんなところにいるものも
むねのうちをばしかとみている
（おふでさき　十三号98）

むねのうち月日心にかのふたら
いつまでなりとしかとふんばる
（十三号99）

月日にハなにかなハんとゆハんてな
みなめへ〳〵の心したいや

（十三号120）

「皆世界は鏡や」

殊《こと》のほか厳しい冬に見舞われた平成十八年（二〇〇六年）、耐震偽装、粉飾決算、官製談合など、日本中を駆け巡る重大な社会問題に話題は尽きない。

まじめに、こつこつと生きている多くの人たちにとっては、なんともあきれ果てるほどの悪行《あくぎょう》である。

思いがけず大きな被害に遭《あ》って、将来を案じている人たちも少なくない。

そうでなくても、いったい何を信じていいのやらと、この世をはかなんでいる人も多いことだろう。

◇

人はこんなにも善人の顔をしながら、このうえない悪意をもち、多くの人を欺《あざむ》くことができるものなのか。

初めはちょっとした悪意に良心の呵責《かしゃく》を覚えながらも、だんだんと深みにはまってマヒしていくのだろうか。

と同時に、これらの問題で明らかになったことは、悪行はいつまでも暗闇《くらやみ》に隠されてはいないということだった。いつか必ずあらわになる。世の中、まだまだ捨てたものではない。

◇

ところで、このたびのような大きな社会問題は特に欲が深く、特にずる賢く、しかも特別の地位にいる人間だけに関《かか》わることであって、普通の人間には全く無縁の仕業《しわざ》のようにも思われるが、果たしてそうだろうか。

「私には多くの人をだますような、そんな才覚はない」

「私はつつましく暮らせればいい。世界一の富を手に入れようなど、そんな節度をわきまえない欲望は持ち合わせていない」

「平凡な私が世間を騒がせるようなことは、これからも決してない」

そうだろうか。

◇

皆世界は鏡や。心通り皆映してある。

（おさしづ　明治21年3月7日）

このたびの問題は、私たちの誰《だれ》にも潜《ひそ》んでいる欲の心、人を欺く心を、

「ほら、ごらん。これが人間の本性ですよ」

と、私たちの目の前に広げて見せられているのではないか。

「嫌《いや》なことは人にさせて、自分は楽をしたい」

「自分さえ良ければ、人はどうでもよい」

「人を踏みつけにしてでも、自分の顔を立てたい。自分の望みをかなえたい」

一方でまた、悪は続かないという事実は、私たち人間のもう一つの本性を教えてくれている。

「人と喜びを分かち合いたい」

「人のためには苦労をいとわない」

この社会が、まずは夫婦や親子という絆《きずな》で結ばれていることを思えば、果てしない欲望ではなく、むしろ人を愛し、たすけ合うことこそ、人間の求めるべき本性であることに気がつく。

心の解毒作用

人間誰《だれ》しも幸せを望まない人はいない。身体《からだ》は丈夫で、家族に恵まれ、仕事も順調であれと願わない人はいない。とりたてて大金持ちにならなくてもいい、たいした名誉や権力も望まない、ただ平凡な生活ができればそれでいい。多くの人はそう思っているが、なかなかそうはいかない。

予期せぬ病魔に侵《おか》され、夫に裏切られ、子に泣かされ、一生懸命やっているのに上司からは認めてもらえない。金や物があれば幸せとばかりに苦労して働いても、夫の賭《か》け事で多額の借金ができ、放蕩《ほうとう》息子に泣かされる。ついには疲れ果て、病に伏してしまう。

夫の浮気を責めても、改心しないどころか、気持ちはますます離れていく。息子の行く末を案じて叱《しか》っても、息子はますます殻《から》に閉じこもり、ついには暴力を振るうようになる。

あの人さえいなければ、あの人がこうしてくれたら、自分にもチャンスを与えてくれたらなどと、人を恨《うら》み、わが身の不運を嘆き、人の幸せをうらやみ、人の不幸にほっとする。こんな世の中に神も仏もあるものかと、心を曇《くも》らせ、心を倒し、それればかりか、人の心をも傷つけてしまう。

◇

五本の指のどの指が火傷《やけど》しても痛い。身近な人の誰が病んでも、自分の苦しみ、悩みとなる。

夫や息子に心を入れ替えてもらいたい。しかし、それが容易にできないから苦しいのだ。親といえども、わが子の心の中に手を突っ込んで、思い通りに向きを変えることはできない。

自分の自由になるのは、たった一つ、わが心だけ。

もちろん、わが心も容易にはままにならない。忘れてしまいたいことがいつまでも忘れられず、自分の癖性分《くせしょうぶん》を知っていても、なかなか改められない。しかし人の心を変え、わが運命を切り換えるには、ただ一つ自由になるわが心の持ち方を変えるよりほかに手立てはない。

夫や息子を責めて、わが身の不幸を嘆いて泣いて通るか、こうした姿を見るのも自分に深い縁があればこそと自覚し、わが魂に徳を積む通り方をするか、そうした心の持ち方が、その後の運命を大きく変えることになる。

◇

病原性大腸菌O《オー》-157が流行《はや》ったときの話に、食中毒で下痢《げり》をするのは、病原菌を体外に排出しようとする、身体《からだ》の自己防衛反応だと聞いた。だから、むやみに下痢止めを飲んだりすると、病原菌を体内に閉じ込めることになり、病状がかえって悪化するというのだ。

熱や咳《せき》も身体の防衛機能という。解熱《げねつ》剤、咳止めの使用には注意が必要だ。

下痢の症状が出たとき、これに対処するのはもちろんだが、考えてみると、症状が現れるずっと前から病原菌は身体の中に侵入し、増殖し、蝕《むしば》んでいたのだ。症状が現れたのは、いよいよ放置できなくなったからである。

病気だけでなく、非行や災難も、同じようなものかもしれない。突然の訪れのように見えるが、以前まかれた種が、だんだんと育ってきて、ついに花が咲いたのだ。花にびっくりして、花だけちょん切ろうとしても、根が残っていれば、また生えてくる。

夫のサラ金の発覚、息子の非行。それぞれの事情には種があり、それを育《はぐく》む土壌があったのではないか。必ずしも当人だけではなく、家庭に、地域に、その時代に反省することがあるのではないか。不幸な結果のようにも見える突然の訪れは、見方を変えれば、「これまでの生き方を変えなさい」と教えてもらっているのではないか。

病気も事情も災難も、心の解毒作用・浄化作用の現れといえないだろうか。「心の向きを変えなさい」というメッセージに、謙虚に耳を傾け、応《こた》えていくことが、病気や事情や災難の根を切る根本治療になる。

自分の心は、自分でしか変えられない。私たちの自由になるのは、自分の心だけだ。

自由にあやつることができるわが心を、人間の陽気ぐらしを楽しみに、この世と人間をお創《つく》りくだされた親神様の御心《みこころ》へと向けるとき、「心澄み切れ極楽や」の境地を生きながらにして味わうことができると教えられている。

夫婦とは、親子とは

子どものころ、よその家に行くと、それぞれ独特のニオイを感じたものだ。きっとわが家にも特有のニオイがあったのだろう。慣れてしまい、自分では感じなかっただけだ。

同じように、家庭にもそれぞれ独特な雰囲気がある。ものの感じ方や考え方が、夫婦・親子で大変よく似ていることがある。

結婚してしばらくすると、「性格の不一致」などを理由に夫婦の危機が訪れるが、その危機を越えて長年夫婦をやっていると、「似たもの夫婦」に成熟？　していく。考え方や感じ方がよく似てくるのだ。

夫婦だけでなく、親子はもっとよく似る。生まれたときから親に頼りきって育つのだから当然だ。親は真っ白の子どもの心に、自分の好みの絵を描《か》いていくようなもの。そう思うと、親の責任は重大だ。

似たもの同士だから仲がよくて、問題がないかといえば、そうでもない。

お互いに似ているということは、当事者にはなかなか自覚できない。何かの折に人に言われると心外に思う。

「あんな夫に似ているなんて！」

「あんな親に似ているなんて！」

自分では「あんなんじゃない」と思い込んでいるのだ。

夫婦や親子が、似たような感じ方、考え方をすることは、内々が治まっていて、いいようにも思うが、近い間柄にあって、異なった見方に接し、自分を省《かえり》みる機会に恵まれないとすれば、それはある意味で不幸なことかもしれない。

一方では、夫婦・親子といえども、全く似ていないこともある。それでいて、決まって仲が悪いかといえば、そうでもない。夫と妻、親と子が、それぞれ独自の全く正反対な感じ方、考え方をしているのに、仲がよく治まっている、ということもある。

もともと夫婦や親子といえども、一人ひとり独立した人格だから、それぞれ感じ方・考え方が異なっていて当然だ。

をやこでもふう〳〵のなかもきよたいも
みなめへ〳〵に心ちがうで
（おふでさき　五号8）

◇

夫婦は天と地のようなもの。お互いに向き合って、補い合うところに一つの世界が創《つく》られる。もともと相異なるものであり、片一方だけでは足りないのである。たすけ合いの基本は夫婦にある。自身を振り返っても、一人だったらとても通ることのできない道中も、夫婦なればこそ、乗り越えることができたのだと思う。

ふたりのこゝろををさめいよ
なにかのことをもあらはれる
（みかぐらうた　四下り目二ッ）

魂を見定めて、それぞれに最も相応《ふさわ》しく結んでいただいた縁。違っていて当然だ。

相手の姿をわが心の鏡として、治めにくいところを治めてこそ、お引き合わせくだされた深い親心にお応《こた》えさせていただくことになり、そこにこそ、どんなご守護の姿もお見せいただける。

◇

親子は恩の返し合い。「子どもを授けていただいた」とよく言うが、前生で恩を受けた人を、今生では子どもとしてお預かりして、世話をさせていただくのだと聞く。もちろん、恩返しだからといって、かわいさのあまり気ままに育てては、かえって子どものためにならない。子どもはもともと善《よ》し悪《あ》しの判断がつかないのだ。親がしっかりしつけてこそ、恩返しというものだ。

「こんな子に育てた覚えはない」というセリフをよく耳にするが、子どもの姿は鏡に映った自分。わが身を振り返ってみると、「そうです。皆さん、これがほんとうの私の姿です」という自覚ができたとき、窮屈《きゅうくつ》な鎧《よろい》が脱げたような気がする。連れ合いや、子どもに映し出された自分の姿を見て、人は自分を育て、一つひとつ成長していくのだろう。

自然は人間のウソをあばく

平成十一年（一九九九年）九月三十日、茨城県東海《とうかい》村で大変な事故があった。原子力発電の燃料を加工している途中でウランが燃え出したのだ。

二人の作業員は多量の放射能を浴びて瀕死《ひんし》の重傷を負い、救助の消防隊員もそれとは知らずに被曝《ひばく》した。そして、半径十キロ以内に住む三十一万人に退避要請が出されるという空前の大事故となった。

原子力の事故は発電所で起きるものと思っていたが、民家のほんの近くで、とんでもない危険な作業が行われていることを、そのとき初めて知った。

この民間施設では、許可を受けた工程を無断で変更し、四年前から裏マニュアルで違法な作業を繰り返していた。今回の事故は、さらに裏マニュアルにもない杜撰《ずさん》な作業をしていて大事故となったものだ。

違法な手抜き作業をしていたとは、なんともケシカラン！　と言ってしまえばそれまでだが、この事故は、私たちが生きている現代文明の足元を照らし、今日の文化的で快適な生活の基盤はこんなに危険で、こんなに脆《もろ》いものであることを思い知らせたのである。

原子力はたしかにすごい燃料だ。ほんのわずかな量でも莫大《ばくだい》なエネルギーが生まれる。ウラン一グラムで石油ならドラム缶十本分に相当するエネルギーを取り出せるという。

しかし、もともとは、このうえなく危険なもの。こんな危険と背中合わせの原子力発電で、湯水のように使える豊富な電気が作り出されていたのだ。それを普段は、もったいない、ありがたいとも思わずに平気で使っていた。

◇

人間は、危険なことと分かっていても、だんだん慣れて手を抜いてしまう。そこに重大事故が起きる。

事故は偶然起きたのではない。四年前から会社ぐるみで手抜き作業がなされ、その延長上で今回の従業員のさらなる手抜き作業へと進んだ。いままで事故が起きなかったのが不思議なくらいだ。

考えてみると、人間のやることには間違いもあるし、誰《だれ》しも横着《おうちゃく》はするものだ。少しくらい間違っても、ちょっとは横着をしても、まあそれほどの大事故には繋《つな》がらない、というくらいの安全なシステムが求められる。

車は衝突しないように運転するものだが、仮に間違って衝突しても、できるだけ危険をやわらげようとボディは固められ、クッションも効いている。

もちろん、どんなに手立てを講じても万全ではない。危険を覚悟しておくことだ。甘くみると、けがをする。

◇

「原子力発電は安全だ」というのは「ウソ」。だんだん慣れっこになって、危険性を忘れてしまう。「原子力は危険だ」という事実を隠したり、甘くみてはいけない。

原子力は、決してそれ自体が悪なのではない。それらは天然自然の法則であり、自然の現象だ。

自然は決して欺《あざむ》かない。自然はウソをつかない。

自然は人間のウソを見破り、人間のウソをあばく。自然をみくびってはいけない。

現代文明を生きる人間の傲慢《ごうまん》さが裁《さば》かれている。

「今生きて」のありがたさ

平成十六年（二〇〇四年）は、新潟では七月の水害に始まり、十月には地震。ほんとうに大変な一年だった。国外でも年末の、十万人を超える犠牲者を出したスマトラ沖地震のすさまじさは想像を絶する。

◇

大教会で毎月発行している『小新《こしん》だより』に、東京のMさんから欠かさず旬の俳句を寄せていただいている。今月届いたのが、

今生きて　酔ふこと楽し　お正月

「今生きて」。まさに、いまを生きている私たち。いまを生きていることは、思い

返せば、ただただありがたいばかりだ。

私たちは昨日があって今日があるように、今日があるから明日があると思いがちだ。しかし、ほんとうのところは、今日から明日までの間に何が起きるか分からない。時間の長さではない。驚くような出来事は一瞬にして起きる。

昨年の元旦、この一年間にわが身のうえや世界で起きたことを、果たしてどこまで予測できただろうか。

「この世は真っ暗闇《くらやみ》」「一寸先は闇」などという。こんなに科学が進み文明が開けたのに、私たちはまだ未来を自分の手で確かなものとするには、ほど遠い世界にいる。

それなのに、いまをこうして生きて、新しい年を迎えることができた。思い返せば、あれもこれもあったけれども、いま、こうして生きている。それは奇跡の連続とでもいうべき「ありがたい」事実ではないか。

「酔ふこと楽し　お正月」。そのありがたさを思うとき、感無量の喜びにひたる。

◇

身体《からだ》を病むと、なんでもない健《すこ》やかな日々をあらためてありがたく思う。災害に遭《あ》うと、なんでもない平穏《へいおん》な日々をあらためてありがたく思う。よくそういうが、それも確かなことだ。

しかし、もう一つの事実は、身体を病んでも災害に遭っても、そのときをくぐり抜け、こうして、いまを生きているということだ。

思いがけずつらいことに出合っても、時間がたったら、きっとそう思うときがくるだろう。「あのとき、あんなこともあった。こんなこともあった。けれども、いまは……」と。

苦しかった、つらかったあのときがあればこそ、今日の日があると喜びさえ感じる。あの苦しかったとき、悲しかったとき、つらかったとき、それは自らを鍛《きた》え育ててくれた試練とさえ思える。

厳しい冬のあとには、花咲く春が訪れるように、春咲く花も、冬の間はじっと堅く蕾《つぼみ》に覆《おお》われているように、苦難のときも、長い人生を有意義にあらしめる、欠かすことのできないひとコマなのではないか。

真っ暗闇のようにも見えるこの世は、実はそうではなくて、目を凝《こ》らせば明るく温かい光に照らし出されているように思う。

出合うこと、巡り合うことの一つひとつには意味がある。確かな行く先をしっかり見据え、どんなに険《けわ》しい道中も、そこへ向かういまを楽しみながら、遥《はる》かな道のりを一歩一歩前に歩んでいきたい。

子育てを楽しんでますか？

先日、高速道路のあるパーキングエリアで、兄弟だろうか、やんちゃそうな二人の男の子を連れた、これまた、はちきれそうに元気なお母さんを見かけた。子育てが大変だろうなと思うとともに、このお母さんがとてもたくましくも頼もしく見えた。お父さん？　きっと先に車で待っているのだろう。

夏休みに入ってから、旅行や買い物の子ども連れをよく見かける。

最近の国際比較調査によると、日本の父親が子どもとふれあう時間は、海外五カ国と比べて、韓国に次いで下から二番目だとか。一週間の労働時間も最長という。しつけや保護者会への参加など、育児はもっぱら母親まかせが目立つとのこと。日本のお母さんは大変だ。

◇

少子化はますます進んで、一年間に生まれる赤ちゃんの数は百万人ちょっと。三十年前は二百万人を超えていたから、半分にまで減少したことになる。

少子化の原因があれこれいわれ、少子化によって将来予想される社会問題が検討されるとともに、さまざまな施策が打ち出されているが、少子化に歯止めはかからない。

今日、子育てが親にとって大きな負担になっていることは確かだ。夫婦ともに仕事に出ているし、多額の教育費がかかる。また、おじいちゃん、おばあちゃんなど家族のありよう、子どもを育てる地域の連帯など、子育てを支えるネットワークもますます脆弱《ぜいじゃく》になってきている。

そのうえ、苦労して育てた子どもがつまずいたり、反抗したり、社会に溶け込めなかったりする例も多く、子どもをめぐる深刻な事件が頻繁《ひんぱん》に報道されるたびに、子どもを育てるって実に大変なんだと、誰《だれ》しも思うところである。

しかし、あのパーキングで見かけた子ども連れのお母さんから溢《あふ》れてくる頼もしさは、子育ての苦労もさることながら、子育てを楽しんでおられる姿ではないかとも思える。

◇

まだ独身のころ、兄や妹の子どもがとても愛《いと》おしく、自分の子どもが生まれたら、ほんとうにかわいく思えるのかと心配したことがある。しかし、心配は無用だった。生まれてきたわが子は、やはりかわいい。それは言うまでもなく、容姿とは無関係だった。

夫婦の間柄も不思議な縁だが、親子の間柄は、それよりもっと深い。それは天から「与えられたもの」「預けられたもの」として眼前に差し出されている。もちろん、私たちよりほかに、それを受け取る夫婦は広い世界に誰もいない。天から選ばれた者として、あるいは子どもから選ばれた者として、私たち夫婦がある。わが子への愛おしさは、そうした親子の根源的なあり方から、おのずと湧《わ》き出てくるもののように思う。

神様は、私たち人間が愛情をもってわが子を育てることができるよう、周到な配慮をしてくだされた。

私の子どもよりも隣の家の子のほうがかわいい、と人は言うかもしれない。わが子への愛おしさは不公平ではないか、ひいきをせずに世界中の子どもたちを等しく愛おしいと思わないのか、と言われるかもしれない。しかし考えてみれば、親が自分の子どもより隣の家の子が愛おしいなどと思うなら、それは全くの悲劇だ。それなら私など、誰にも育ててもらえなかったかもしれない。

◇

子どもが成長するにつれ、それぞれの段階で次から次へといろいろな問題に出合う。与えられた親子の強い絆《きずな》を確かめ、嬉《うれ》しく心勇むときもあるだろう。しかし、親子の絆はいったいどこへ行ってしまったのだろうかと、不安になるときもあるだろう。

神様は決して、私たちに重たいだけの荷物を持たせられたとは思えない。私たちが人生を歩みやすいように、私たちに相応《ふさわ》しい子を預けてくだされたに違いない。

わが子を育てる中で、子どもの成長を楽しみ、また自らも育つことができるようにお心配りをしてくださされたと思う。

あのお母さんの頼もしさは、いろいろな日があるだろうが、与えられた絆をどんと正面から引き受けて、子育てを楽しんで通っておられるところから溢れてくるものではないかと思う。

第四章　神のふところに抱かれて

冬の夜空を見上げて

　今日、どんなに科学が進んだといっても、人間の手でいのちは創《つく》れない。いくつかの生物の遺伝子ＤＮＡの全塩基配列が解読されているが、物質を混ぜ合わせたり反応させたりしても、大腸菌一個すら創りだすことはできない。いずれそんな日が来るとも思えない。物質といのちあるものとの間には、越えることのできない深い隔たりがある。

　いのちあるものは、いのちあるものからしか生まれない。私のいのちは両親に由来し、親のいのちは、そのまた親に由来する。どんどん遡《さかのぼ》っていくと、三十五億年前の地球最初のいのちに辿《たど》りつく。

最初のいのちは、微生物の化石としてしか知られていない。このいのちがどのようにして現れたのか、いまでもよく分からない。

しかし確かなことは、私に至るいのちの流れは三十五億年の間、一度も途切れずに続いてきたということだ。人間ばかりではない。地球上のあらゆるいのちは皆、三十五億年のいのちの歴史を生きている。

◇

ところで、わがいのちを形づくっている物質は、いつ、どこでできたのだろうか。

地球にはいろいろな物質があるが、構成している元素は約九十種類。この元素がさまざまに組み合わされて、多種多様な物質、物体が出来上がっている。

元素は新たにつくられたり、他の元素に変わったり、消滅したりしない。水素は酸素と手をつなげば水分子となるが、元素としては何も変わらない。鉄は酸素と手をつなぐと錆《さ》びるが、どんな操作をしても金に変わったりはしない。

それならば、地球を構成している元素はどうやってできたのだろうか。二十世紀の科学は、この謎《なぞ》を解き明かした。

「星は元素の製造工場」

「地球の元素、そして私たちの身体《からだ》を構成している元素は、太陽が生まれるよりずっと前に生まれ、成長し、大爆発して死んでいった多くの星々の中で創られた」

と。

◇

凍《い》てつく冬の夜、冴《さ》えた空をにぎやかに飾る星たちを眺《なが》めながら、人間と宇宙の深い繋《つな》がりに思いを馳《は》せる。

星座の配置によって人生や時代の吉凶を占う占星術は、近代科学の誕生でその根拠を失ったが、人間は古くから宇宙との繋がりを本能的に感じていたに違いない。

「こふき本」には、親神の十全の守護に配された神名のそれぞれについて、天にてのお姿が説き分けられているものもある。そもそも「天」「天の理」の言葉は、人間が生きている、時間的にも空間的にも限定されたこの世が、それを超越した大いなる世界に包み込まれていることを含意《がんい》しているのだ。

自然のふところ　親のふところ

子どものころを思い出す。

春になれば田んぼの用水路に小魚がいっぱい。金具をつけた竿《さお》でガチャガチャ音を立てながら、網に向かって魚を追う。たいてい大漁で食卓をにぎわした。

小川のセリもおいしかった。

田んぼは牛に鋤《すき》を引かせて耕していた。田植えは親戚《しんせき》や近所の人も総出で、一面また一面と順番に仕上げていく。にぎやかだった。

夏から秋にかけてはイナゴ捕《と》り。ほんのり明るくなったころ、竹筒をくくった袋をもって畦道《あぜみち》を歩く。稲《いね》の茎《くき》のほうから穂先に向かって扱《しご》くと、まだ眠っているイナゴが何匹も掌《てのひら》に入る。竹筒に次々と押し込んでいく。袋の中では目覚めたイナゴが動き回る。家に帰り、いっぱいになった袋を熱湯の釜《かま》にドサッと開けると、緑のイナゴがたちまち赤くなる。脚と羽をむしってから炒《いた》める。

冬は大雪。朝起きると、家の中にも隙間《すきま》から入り込んだ雪が降り積もっている。ぼそぼそと降りしきる雪で、十メートル先を歩く人の足跡も消えてしまう。

たまに晴れた冷たい冬の朝は「しみわたり」。田畑を分厚く覆《おお》っている雪も、表面だけは凍って硬い。一面まぶしく輝く銀世界を楽しみながら、学校を目指して、真っすぐ近道。時々緩《ゆる》いところがあると、ズボッと長靴がもぐってしまう。

春先。踏み固められた道路の雪を、村中総出でスコップで割り、信濃《しなの》川に捨てに行く。スコップで割った雪の下から黒い土がのぞく瞬間、ああ春が来たと実感する。

厳しい風土の中にも、自然とともに、自然に包まれて生きていた。

◇

暗くなっても、親はおたすけ先から帰ってこない。火の気のない教会で、窓格子《まどごうし》につかまって親の帰りを待ちわびながら、小さい子から次々に泣きだす。「泣くな」となだめる兄まで、とうとう泣いてしまう。「ただいま！」。一斉に玄関に飛び出していく。

夕づとめ。教典を拝読する母の膝《ひざ》を枕《まくら》にして眠った。

厳しい生活の中にも、身も心も親に包まれて生きていた。

◇

このよふのぢいと天とハぢつのをや
それよりでけたにんけんである　（おふでさき　十号54）

「このよ《此世》ふわ月日りよ《両》人のからだ《身体》なり。天ちき《地抱》あわ《合》せのせかい《世界》。人間わ、月日ほところ《懐》にすまい《住居》しているもの《居》なり」（桝井本16年本・中山正善著『こふきの研究』129ページ）

この世は、どこまでも親神様のからだ。私たちは、そのふところで、火・水・風の自由《じゅうよう》のご守護を頂いて、子どもかわいい一条の親心いっぱいにお連れ通りいただいている。

学者か布教師か

子どものころは、ぼんやりしながら生きていた。人と付き合うのが下手《へた》で、学校へ行っても友達はいなかった。たまに誰《だれ》かが遊びに来ても、「何して遊ぶの？」とつれない言葉で相手を困らせてしまった。

小さいころから父は「おまえは大きくなったら何になるんだ？」と、よく尋ねた。生まれつき病弱で、十七歳で無いいのちをたすけていただいた父にとって、子どもの成長はどんなにか楽しみだっただろう。しかし、尋ねられる当人としては困惑した。「……になる」などと、はっきり夢を語ったらいいのだが、ともかくぼんやり過ごしてきたのだ。

高校は当然のように天理高校と決まっていた。受験で当時の丹波市《たんばいち》駅のホームに降り立ったときから、なんとも温かい、包み込まれる雰囲気を感じた。町ではハッピ姿で人々が行き交っている。天理教の教会というだけで蔑《さげす》みを感じてきただけに、こんなところがあるのかと、ほっとした。

◇

大学を出てから、もう少し勉強したいとお願いして大学院へ進んだ。課程を了《お》える年に天理教校附属高校が設立されることになり、呼ばれるままに教員となった。布教専従者育成という大きな使命を担って発足した附属高校。生徒も職員も手探りながら、新生の心意気に燃えていた。

勤めさせていただいて三年。大学へ戻らないかと誘いがあったとき、学究生活の夢断ち難《がた》く、ずいぶん迷った。決断の期日も迫るなか、神殿・教祖殿に深夜、足を運んでは、「どうしたらいいでしょうか?」とお尋ねした。最後に大教会の世話人先生にご相談したときである。「おまえは学者として立つのか、布教師として立つのか!」との一喝に、一も二もなく心が定まった。

無いいのちをたすけていただいて、それからも血を吐《は》きながら、道ひと筋に生きた父と、熱い信仰に燃えて父と連れ添った母に、分からぬながらも一緒に連れて通ってもらった日々を思えば、迷うことなどなかったのだ。

◇

こうして二十年にわたって附属高校でお使いいただくなか、次代を担う道の若人と悩みや喜びを共にし、道と世界について考えを巡らせた。

いろいろな先生方から厳しくも温かくお育ていただき、また、お見せいただくさまざまな出来事を通して、成人の歩み遅々としながらも、一つひとつ信仰の心を養っていただいた。

「この世界中に、何にても、神のせん事、構わん事は、更《さら》になし。……何を聞いても、さあ、月日の御《おん》働きや、と思うよう」（『稿本天理教教祖伝逸話篇』一八五「どこい働きに」）

シャジクモから見える世界

大学時代に何の研究をしていたのかと尋ねられるたびに、いつも困ってしまう。

「シャジクモです」

「いったいどんなクモ？」

車軸藻という淡水藻である。池や田んぼに自生している。名前の通り、真っすぐに伸びる茎《くき》の節々から、車軸のように輪生枝を放射状につける。外形はスギナに似ているが、実は隣り合う節と節との間の茎が一つの細胞である。節間細胞と呼ばれるこの円筒形の細胞は、直径は一ミリ、長さが十センチ近くにも及ぶ巨大な細胞で、植物生理学では格好な実験材料の一つである。

顕微鏡でのぞくと、丸い葉緑体の粒が細胞膜の内側に、びっしりと幾筋も螺旋《らせん》状に並んでいる。そして、このきれいな並びに沿って、細胞内部の液体が規則正しく流れているのが見える。ひっそりと静かに生きている植物が、顕微鏡下では、こんなに活発な動きをしているとは驚きで、その美しさは見ていて飽きない。

もう一つ驚くことに、この細胞は、ある強さ以上の電気刺激に反応して、活動電位と呼ばれる電気信号をつくりだし、これが長い細胞の端へと伝わっていく。「興奮」と呼ばれるこの現象が、動物の神経細胞だけではなく、水草でも見られるとは……。生命の神秘を垣間《かいま》見る思いがする。

研究室を訪ねてきた高校時代の友人が、真っ暗な部屋で、顕微鏡をのぞきながら注意深く、微小ガラス電極を差し込んでは電気刺激を与えたり、薬物を投与したり、ライトを当てたり消したりして実験を繰り返す私の姿を見て、「何の役に立つのか」「毎日こんなことをしているのか」と、ほとんどあきれ顔で眺《なが》めていた。

◇

シャジクモが自生している、シャジクモを栽培している、などと聞いては、よく採集に出かけた。六甲山《ろっこうさん》の高山植物園や伊良湖《いらご》岬近くの熱帯魚屋さんへも足を延ばした。

昔はあちこちの湖沼《こしょう》に広く分布していたというが、いまでは自生している所が少なくなってきた。河川の汚れと関係があるのかもしれない。

以前、奈良県の古道、山の辺《やまのべ》の道を歩いていて、金屋《かなや》の石仏近くで、びっしりと車軸藻が自生している小さな池を見つけて大いに感激した。いまでも小川や田んぼの脇《わき》を通るとき、懐かしい〝旧友〟がいないかと、ついのぞき込んでしまう。

◇

地球上に生きている生命の多様さには、全く驚くばかりである。それでいて、生きている仕組みが基本的に同じということもまた驚きである。

たん〳〵となに事にてもこのよふわ
神のからだやしやんしてみよ
（おふでさき　三号40・135）

この世界は、どこまでも神のからだ。ひっそりと暮らす生き物たちにも、親神様のご守護はあまねく行き渡っている。

生命――この比類なき傑作

学生のころ、誕生日になると、下宿先に父から決まって同じ文面の電報が届いた。

たいないゑやどしこむのも月日なり
むまれだすのも月日せわどり
（おふでさき　六号131）

冒頭、このおうたで始まる『天理教教典』第七章「かしもの・かりもの」は、「人体のこの精巧《たくみ》な構造、微妙な機能《はたらき》は、両親の工夫で造られたものでもなければ、銘々《めいめい》の力で動かせるものでもない。すべては、親神の妙《たえ》なる思わくにより、又《また》、その守護による」と続く。

心臓は休むことなく鼓動し、眠っている間も呼吸は途絶えることはない。食べたものは無意識のうちに消化・吸収され、血となり肉となる。病原菌などの侵入者に対して、これを排除する免疫のきめ細かい仕組みには舌をまく。

とりわけ、人間には澄んだ意識と、遥《はる》か遠くの星々や何万年何億年の過去に思いを馳《は》せ、現実の困難を乗り越え、未来を見通す知性が備わっている。

◇

素晴らしいこの世界ではあるが、わけても生命は比類なき傑作である。

生命は自己保存する。摂取した栄養分から物質とエネルギーを取り出して、たえず壊れていく自分の身体《からだ》を次々と修復していく。

生命は自動制御する。内外の環境が変化しても、体温や血液の成分は一定に保つよう調節されている。必要なものをつくっても、つくり過ぎないようにコントロールし、不要なものや過剰なものは排泄《はいせつ》する。

生命は自己増殖する。人間から人間が生まれ、タンポポの種からタンポポが育ち、子孫は連綿とつながり、種《しゅ》は維持されていく。

こうした特性は、どんな小さな生命にも備わっているが、科学が進んだ今日でも、人間はこのような機能を兼ね備えたシステムをつくれないでいる。

◇

私たちの身体は、六十兆個の細胞からできている。個体としての生命が維持されているのは、形も役割も異なるこの細胞たちが各器官に組織され、それらの器官が調和を保ちながら協同して働いているからである。

そしてまた、顕微鏡でしか見えないこの微小な細胞の生命も、遺伝情報を格納し管理している核、ブドウ糖を燃やしてエネルギーを取り出すミトコンドリア、核からコピーしてきた設計図に従ってタンパク質をつくるリボゾームをはじめ、多くの細胞内小器官の絶妙な連携によって支えられている。

私たちの生命が、各器官の協同によって支えられ、さらに細胞の生命が、細胞内小器官の連携によって維持されているありさまは、たすけ合いを旨《むね》とする家庭や社会における一人ひとりの人間の生き方に、無言のうちにも深い示唆《しさ》を与えている。

いのちの起源と進化

私たちの生きているこの世界が、いまある姿でずっと続いてきたと考える人は、今日ではほとんどいない。初《はじ》まりがあって、気の遠くなるほどの長い年限をかけて今日の姿にまで整えられてきたと広く信じられている。

現在、生命が初めてこの地上に現れてから今日に至る、三十五億年に及ぶ生物進化の物語がありありと語られている。それは真核細胞の登場、有性生殖の始まり、多細胞生物の出現、生物の上陸、人類の誕生など、相次ぐ画期的な出来事を紡《つむ》ぎ出した物語であり、この地上を舞台に、ただ一度しか上演されたことのない、目がくらむほど華やかなドラマである。

しかし、この物語の元となっている事実は、実は断片的にしか分かっていない。いくつかの点を繋《つな》いで線にすると、みんな分かったような気になるが、生命の起源や人類の誕生など重大な出来事はもちろん、目を凝《こ》らせば、この物語のどこも、夜明け前の薄暗がりのようにぼんやりとしている。

◇

時計やカメラをはじめ人間が作った機械では、一つひとつの部品に明確な役割があり、それぞれ目的にかなうよう丹念に組み立てられている。それは、はっきりとした意図をもって作られているからである。

「ところで、この地上の生命を見よ。人間が作るどんな機械より、はるかに精巧な構造と微妙な機能を備えている。こんなものがひとりでにできるはずはない。必ずや設計者や職人がいるはずだ」

古くは「神の存在証明」として、あるいは「創造における神の叡智《えいち》」として、このような議論が提起された。比類なき傑作である生命は、この世界に、私たちを生む確かな意図があったという考えへと誘《いざな》い、神の叡智を讃《たた》える。

しかし科学は、「この世界には何らかの意図がある」という考えを排除する。それは科学の前提である。あらゆる存在や出来事は、それがどんなに奇跡的に思われることであっても、物質とその無目的な運動や偶然の重なりによって生じたものとする。生命の起源、生物の進化、人類の誕生も、そのようにして説明できるとする。

◇

数十年前の自らの誕生を思い出すことさえできない人間が、何万年、何億年という自らを生み育てたこの世界の歴史を明らかにしようというのだ。なんという大胆な企《くわだ》てであろうか。

しかし、科学がもたらした輝かしい成果は、「この世界には何らの意図もない」という前提を、必ずしも確かなものにしたわけではない。それどころか、私たちは科学が次々と垣間《かいま》見せてくれるこの世の真実の断片を知れば知るほど、人間に授けられた驚くべき知恵に感嘆するとともに、この世界が微《び》に入り細《さい》をうがって丹念に創《つく》られていることに気づき、目に見える世界を背後から支えている大いなる意図にますます確信を深めるのである。

〝地球にやさしく〟の傲慢さ

しばらくウーパールーパーを飼っていた。ドジョウのような色で、四本の足が生えている。ゆったりと泳いだり水槽の底をうろうろと歩き回ったり。世話をするにつれ、グロテスクな顔にも愛敬《あいきょう》が感じられ、不器用な仕草《しぐさ》もかわいく、見ていて飽きない。

えさはメダカ。目の前を動くものでないと食べない。わが家に来たときは小さかったが、二、三年のうちにどんどん大きくなって十五センチくらいにまで育った。夏も冬もメダカ捕《と》りは欠かせない。あちこちの小川へ出かけた。子どもたちが相手にしてくれないときは、家内を連れ出した。冷たい北風が吹く冬のある日、辺りに誰《だれ》もいない小川で、小さなバケツと網をもって二人で悪戦苦闘していると、家内の母が車で通りかかった。「何しているの？」。なんとも気恥ずかしかった。

「小川からメダカが消えた」

そんな記事をあちこちで見かけた。事実、えさを確保するのは大変難しかった。子どものころ、小川をにぎわしていたメダカや小魚はどこへ行ったのだろうか。

◇

「地球は宇宙のオアシス」とは、宇宙飛行士の名言である。ほどよい太陽の光を受けて、広い海をもち、大気に包まれた地球。不毛の宇宙の中で、ぽっかり浮かぶ青い地球だけが生命を宿している。

「水惑星」地球を包む大気圏には、生命を守る何重ものバリアが備わっている。水蒸気の適度な温室効果のおかげで、地表の平均気温は一五度に保たれている。大気の循環は寒暖の地域差をやわらげてくれる。オゾン層は有害な紫外線をカットする。大気圏の遥《はる》か遠くまで広がる地球磁場は、危険な宇宙線を遮《さえぎ》ってくれている。

奇跡ともいうべき条件の重なりによって、地球は豊かな生命を宿し育《はぐく》んできた。

その地球生命が、最後に登場した人類の活動によって、いま危機にあるという。

人間は資源を大量に消費して、どこまでも便利で快適な生活を追求してきた。その生き方に、いまあちこちで危険信号が灯《とも》されている。ゴミは最強の毒性をもつダイオキシンを生み、オゾン層には穴があき、地球温暖化の危険な兆《きざ》しも見えてきた。

私たち六十五億の人間は、ほかの豊かな生命たちと同じ一つの「宇宙船地球号」に乗り組んで、広い宇宙を旅している。この宇宙船には物資を補給したり、ゴミを捨てたりする〝寄港地〟はどこにもない。

◇

平穏《へいおん》な日々にあっても、環境破壊は身近なところから全地球規模まで確実に進行している。

「地球を救う」「地球にやさしく」などという。何か違うんじゃないかと思う。自然環境を破壊してきた人間の傲慢《ごうまん》さを、そこにもまた感じてしまう。

私たちは自然の恵みを頂いて誕生し、成長し、いまを生きている。生かされ生きているこの事実を直視するなら、おのずから感謝と慎《つつし》みの生き方が生まれてくる。

それは飽くなき欲望に駆られた「我《われ》さえ良くば今さえ良くば」の生き方からの大転換であり、自然環境の再建、人間の再生は、ここからしか始まらない。

起死回生のラストチャンス

ヨハネスブルクの環境サミットが閉幕した。地球サミットから十年。地球環境はますます悪化し、不平等と貧困は拡大。「持続可能な社会」の構築は容易ではない。今日直面している環境問題を、新たな科学技術が解決してくれると楽観視する人もいる。太陽光発電や風力発電など代替エネルギーの開発、省エネルギー化、リサイクル技術……。なるほど一つひとつを見れば、事態の改善につながりそうだが、それらはさらに大量の消費を招き、環境破壊を加速しはしないか。人間の飽くなき欲望を満たし続ける〝打ち出の小槌《こづち》〟は存在しない。

人類による環境破壊を、「生命の欲望」の延長ととらえる人もいる。生命は地球上に出現して以来、変異を生み、さまざまな環境に適応し、貪欲《どんよく》に生きてきた。それは生命に仕組まれた本質的な戦略ともいえる。この生命の欲望が、自然をコントロールする技術と結びついて、自然の収奪と環境破壊が始まったという。

たとえそうだとしても、自らの存続さえ危ぶまれる事態を目の当たりにしても、なおその事態を回避できないほど、人間は愚《おろ》かで無力なのだろうか。

ある人は言う。「人間は欲望を抑えることはできない。いまさら江戸時代の生活には戻れない。ますます快適な生活を求めて文明は肥大し、行き着くところまで行く。それで破局になってもいいではないか。文明が長く続くことに何ほどの意味があるのか」と。恐るべき文明観だが、残念ながら現代文明は、世界中の人々を巻き込みながら、グローバルな破局に向かって突き進んでいる。

◇

しかし、私たちの親神様は、どこまでも人間世界に希望をつながれている。

月日にわにんけんはじめかけたのわ
よふきゆさんがみたいゆへから
（おふでさき　十四号25）

現実を見れば、陽気ぐらし世界への道のりは遥《はる》かに遠い。だが、泥海《どろうみ》より始まったこの世界、教祖《おやさま》お一人より始まったこの道を思えば、困難な道のりではあるが、明日を楽しみに今日を生きる勇気が湧《わ》いてくる。

教祖は陽気ぐらしに至る、生きながらにして生まれ更《か》わる道を教えられた。

天のあたゑというは、薄きものである。……薄きは天のあたゑなれど、いつまでも続くは天のあたゑという。（おさしづ　明治21年9月18日）

慎《つつし》みが理や、慎みが道や。慎みが世界第一の理、慎みが往還《おおくわん》や程《ほど》に。（明治25年1月14日）

「我《われ》さえ良くば今さえ良くば」と、つかの間の栄華に酔いしれ、破局へと突き進む私たちに、起死回生のラストチャンスとして、この世の真実を教え、飽くなき欲望から離れ、慎みとたすけ合いのライフスタイルへ大転換を促されているのである。

慎みとたすけ合いは、「かしもの・かりものの理」からおのずと生まれる生き方である。それは欲望が募《つの》るばかりの物質的豊かさを追い求めるのではなく、神のふところと教えられるこの世界で、生き通しの魂をもって、あらゆるいのちと今を共に生きている真実に目覚め、一れつ陽気ぐらしへ向かうわが心の成人を楽しむ生き方である。

やれるがやらない知恵を

科学の進歩は生命の謎《なぞ》を次々と解き明かし、医療や農業の分野で大きな恩恵をもたらしたが、一方では、不気味な影がつきまとう。わけても、人間の生命への介入は一線を越えていないだろうか。『神への挑戦――科学でヒトを創造する』（毎日新聞社）を手に、考えを巡らせている。

◇

一九九六年、英国でクローン羊が誕生した。核を除いた未受精卵に、体細胞の核を入れる。こうしてできた胚《はい》を代理母羊の子宮に移し、妊娠させて生まれたものである。

この羊の遺伝情報は、体細胞を提供した羊と全く同じで、いわばコピー（クローン）がつくり出されたことになる。人間でも、一卵性双生児は全く同じ遺伝情報をもつが、クローン技術は、ある個体（子どもでも大人でも）の体細胞から、いくらでもコピーをつくり出せる技術である。

そして平成十四年（二〇〇二年）四月、「クローン人間妊娠」というニュースが世界中に流れた。不妊男性のクローンを妊娠させたというが、事実とすれば倫理的に重大な問題である。

大人の側には、どうしても子どもがほしいという欲望があっても、つくられたコピーが事実を知ったらどう思うだろうか。また、女性の身体《からだ》が道具として使われる点も、受精による妊娠とは全く異なる。

一九七八年の世界初の体外受精児誕生は、医学の勝利か、それとも神への冒涜《ぼうとく》かと大きな話題をさらったが、体外受精はいまや日本では全出生児の一パーセントに達しようとしている。しかしクローン人間は、これとは全く次元を異にした、人類の根源に関《かか》わる問題を提起している。

◇

出生前診断の倫理性が問われている。超音波検査のほか、母胎の血液や羊水を検査して胎児の病気（染色体異常、遺伝病、形態異常など）の有無や性別を診断する。国外では受精卵診断も行われている。受精卵の段階で病気の遺伝子をもっているかどうか診断し、正常な受精卵だけを母胎に戻す。

健康な赤ちゃんを産みたいというのは、誰《だれ》しも願うところだが、そのために、受精卵や胎児をあらかじめ選別することには、倫理的に重大な問題がある。

たとえ診断しても、予想できなかった障害をもって生まれてくる子どもはいる。出生前の選別は、障害をもって生まれてきた子どもたちに向かって、「あなたたちは生まれてこないほうがよかった」ということにならないだろうか。「自分は生まれてこないほうがよかったのだ」と思いながら生きていかなければならない人生とは、どんなものだろうか。

また、もし異常が見つかれば、自分は存在を許されなかったかもしれないと思いながら生きていく人生とは、どんなものだろうか。

◇

クローン人間を計画する人は、「必要な患者がいて技術がある以上、実施することは科学者の義務だ」と言う。しかし、やれることとやることは区別しなければならない。やれるがやらない、便利だが使わない、と決断する知恵と力も大切だ。

また、「実現できるということは、それも神様のご守護」と言う人がいるかもしれないが、そうだろうか。私たちの心の成人の未熟さゆえに、誤った幾多の選択がなされた結果、親神様にどれほど残念をおかけしていることだろうか。

たいないゑやどしこむのも月日なり
むまれだすのも月日せわどり
（おふでさき　六号131）

人間は死なない

医学はひたすら病気治しと延命を図ってきた。臓器移植はその成果というべきか、限界というべきか。回復の見込みがない臓器を、他の人の健康な臓器と置き換える。その提供者として、脳死患者が期待されている。

脳死状態は、進歩した生命維持装置による延命治療の落とし子である。これほど救急医療が進歩しなければ間もなく心臓停止に至ったであろう患者でも、人工呼吸器などの延命装置で心臓は鼓動し続ける。脳の活動はすでに止まっており、いずれ心臓も止まるが、それまでは呼吸もし、血も巡り、温かい。この状態を「死」と見なし、臓器を取り出すのである。その臓器は、心臓が止まった死体から摘出されるものより新鮮だし、脳死患者でなければ提供できない臓器もある。

救急医療の進歩が脳死患者を生み、その臓器が人の延命に役立つとは、考えてみると、なんと皮肉なことだろう。

しかし、脳死になっても自力で自発的に手足を動かして祈るような動作をするとか、数カ月、数年、十数年も心臓が動き続けたとか、脳死のまま赤ちゃんを出産したとかいう報告を聞けば、たとえ脳死からの回復は望めなくても、脳死を直《ただ》ちに死と見なして臓器を取り出すことをためらうのではないだろうか。

◇

「不治の病で末期になったら無意味な延命処置を拒否する」とリビング・ウィル（生前発効の遺言書）を表明する人もいる。延命至上主義に陥《おちい》っている現代医療に対する厳しい告発ともいえよう。

あえて人工呼吸器をつけないという選択よりも、すでにつけてある人工呼吸器、水や栄養補給の管を外《はず》すことには大きな決断が要《い》る。外せば直ちに死に至るだろう。

リビング・ウィルには「植物状態に陥ったら、生命維持措置をとりやめて」とも書かれている。しかし、ほんとうに意識がないのだろうか。分かっているが応答できないだけでは？　リビング・ウィルを撤回すると叫んでいるかも。末期との診断は不可能だというし、脳死と違って回復の症例も報告されている。

また、積極的安楽死を望む人もいる。肉体的・精神的苦痛から安らかな死を望む患者に、自然な死が訪れる前に、致死量の薬剤を投与して積極的にいのちを絶つのである。

物質的豊かさを追求してきた科学技術文明が、一面では、かえって心満たされぬ人間と社会をもたらしている。そして、人間から病を切り離して機械的な治療に専念してきた医学は、死をも管理するまでに、人間の傲慢《ごうまん》さを助長してきたのではないか。

◇

ふところ住まいのこの世界。魂は生き通し。人間は死なない。死ぬのではない、出直すのやと教えられる。用が足りなくなったとき、家に帰って仕度《したく》を整えて出直すように、古い着物を脱いで新しい着物に着替えて、さらなる成人を目指して、この世に新たな生を受ける。

与えられたいのちは、どれもかけがえなく尊厳なものであり、いのちの終わりも、それ自体すでに尊厳なものである。生きざまは死にざまに通じ、今生の死にざまは来生の生きざまに通じていく。出直しは、新たないのちの出発であると肝に銘じたい。

地球外生命はいるか？

ある晴れた日の夕暮れどき。本部神殿西礼拝場の濡《ぬ》れ縁にさしかかると、無言のまま西の方をじっと見つめる人々の群れ。老若男女《ろうにゃくなんにょ》三十人ほどはいただろうか。通りかかる人も足を止めるため、その数はさらに膨《ふく》らんでいく。

何を見ているのだろう？　お日さまは先ほど沈んだばかり。視線を辿《たど》ると、ほんのり暗くなった西の空に、まぶしく輝く一点の光。じっとして動かない。

人々が足を止めたのは、単にその光景が美しかったからではないだろう。光の正体に、何か謎《なぞ》めいたものを感じ取っていたからではないのか。

ＵＦＯ？　私たちはどこか心の奥底で、いつかは高度な文明をもつ異星人が地球を訪ねてくることを心待ちにしているのだろうか。

◇

そもそも地球の外にも生命はいるのだろうか。宇宙のあちこちで生命が誕生し、地球より遥《はる》かに高度な文明も栄えているのだろうか。

こうした問いが、古くから人々の関心を集めてきたのは、これが「私たちはどこから来て、どこへ行くのか？」「私たちは何者なのか？」という、人間存在の根源的な問題と深く関《かか》わっているからである。

「宇宙時代」といわれて久しい今日においても、この問いに答えは出ていない。

月面に降り立った宇宙飛行士が目にしたのは、三十億年前に活動を終え、静まりかえった世界だった。火星に軟着陸した無人探査機バイキングが送ってきた映像は、一面赤茶けた砂漠で、微生物さえ発見できなかった。かつては、進んだ文明をもつ火星人が地球を侵略してくるという物語が書かれたこともあったが、それはフィクションでしかなかった。太陽系を越えた宇宙に向かっては、電波による知的生命探しが試みられているが、いまのところ応答はない。

◇

コペルニクスとダーウィンが登場して以来、「私たちは宇宙の特別な位置にいるのではない」「人間は特別な存在ではない」として、今日の宇宙観・生命観が組み立てられてきた。その立場からすれば、銀河系には二千億の太陽があり、宇宙には銀河の数もほとんど無数にあるのだから、地球と同じような環境の惑星はたくさんあって、そこに生命が誕生し、知的生命に進化していると考えるのは当然である。

まだ地球外に生命が見つからないのは、探検が始まったばかりだからか。あるいは、地球はいくつもの偶然が幸運にも重なり合って四十五億年で知的生命を出現させたが、ほかの惑星では生命の誕生・進化に時間がかかっているからかもしれない。

それとも、私たちが住むこの惑星は、広大で不毛な宇宙の中のたった一つのオアシスなのではないか。この世界は、地球上に生命を誕生させ、自らがその中で生きている宇宙と、そこに生きる意味とが理解できる人間を登場させるために創《はじ》まったのではないか。私たちはやはり特別な位置にあり、人間は、やはり特別な存在ではないのだろうか。

壮大な舞台に立つ私たち

私たちの生きているこの世界は、どこまで広がっているのだろうか。

その昔、平らな大地が実は曲がって球状になっており、地球の反対側にも人間が住んでいることを知ったとき、人々はどんなに驚いたことだろう。

また、予測もできない出来事が起こる地上に比べ、天空では太陽や月や星々が規則正しく運行している。しかし、月が地球を回るのも、リンゴが木から落ちるのも、同じ力によることを知ったとき、天のベールは開かれ、地と一つに繋《つな》がった。

さらには、地球は太陽の周りを回っているいくつかの惑星の一つであり、夜空の星々は、それぞれがもう一つの太陽である。

地球を従えた私たちの太陽は、二千億もの星々からなる銀河系の、中心からかなり離れたところにある一つの星でしかない。

そして、私たちの銀河系の外にも、同じような銀河が無数に散らばっている。私たちの生きているこの世界は、地球を越え、太陽系を越え、銀河系を越えて、何十億光年の彼方《かなた》にまで広がっていたのだ。

◇

すべての銀河が私たちから遠ざかり、遠い銀河ほど勢いよく遠ざかっているという事実が発見されたとき、さらに驚くべき宇宙の姿が見えてきた。

ちょっと考えると、私たちの銀河系が宇宙の中心にあって、その他の銀河はすべて宇宙の果てに吸い込まれていく、そんな宇宙を思い浮かべてみたくなる。

しかし、私たちは宇宙の特別な位置にいるのではなく、遠ざかるあの銀河に立てば、同じようにすべての銀河が遠ざかるように見えているのではないか。だとすれば、この宇宙は「一様に膨張《ぼうちょう》している」ことになる。伸びるゴム紐《ひも》、膨《ふく》らむゴム風船、オーブンで膨らむパンのように、銀河を乗せたまま、銀河と銀河の間の「空間」が、どこも一様に伸びていくのだ。

となると、うんと遠くにある銀河では、私たちとの間にある巨大な空間が光速をも超えるスピードで伸びていくことになり、その銀河の光は、いつまでたっても私たちへは届かない。つまり、宇宙にも「地平線」があり、それ以遠にも広がっている世界は決して見ることができない。宇宙はなぜ、こんなに広いのだろうか。

◇

人間が生きているのは、広大な宇宙のほんの一点。また、百五十億年の宇宙の歴史を一時間ドラマにすれば、人類の出現は最後の一秒にすぎない。

ビッグバンに始まる膨張する宇宙に、長い時間をかけて周到な段取りが相整い、ついにこの地球上に人間が登場した。おそるおそる目を開けて辺りを見渡すと、私たちは息をのむほど壮大な舞台に立っている。

かくある宇宙でなければ、私たちはいま、ここにいなかったのだ。

月日よりたんく心つくしきり
そのゆへなるのにんけんである
（おふでさき　六号88）

「あとがき」に代えて

私たち夫婦が新潟で御用をさせていただくようになってから、十三年になります。

新潟で生まれ育ちましたが、それまで三十数年というもの、新潟から離れて暮らしておりました。所属の教会へは月次祭には帰っていましたが、いつもトンボがえりでした。そのためでしょうか、子どものころは、そこに溶け込んで暮らしていた新潟の自然や風土が、いまは一つひとつ新鮮に感じられます。

大教会は、いまから十五年前、それまでの山木戸《やまきど》の地を離れ、新潟市内の東から西へ、この小新《こしん》の地に移ってきました。私たちが大教会に住まいさせていただくようになったのは、移転してきてまだ何年もたっていないときでした。

一風変わった建物ですが、近くに住んでおられても、それが天理教の教会とはご存じない方も少なくありません。教会の前を通って勤めに行っているのに、目立つ看板も出ているのに、「ああ、あそこにあるキリスト教の教会ですね」などと言う方もおられました。目に入っているからといって、見ているわけではないんですね。

私たちが戸別訪問に歩き始めたころ、「あそこには常時、住まいしている人がいるんですか？」と、びっくりされた方もありました。行事があるときは人が集まるが、夜ともなれば無人と思われていたのでしょうか。

また、おぢばで育った家内はもちろん、長く新潟を離れていた私も、この土地の言葉がなかなか身につきません。「こんにちは」というひと言のあいさつに、この土地の者ではないなと、すぐに見破られてしまいます。

そんなわけで、毎月のように戸別訪問に回っていても、顔を見て「ああ、天理教の人ですね」と言ってもらえるようになったのは、何年もたってからのことでした。

「小新だより」は、こうして私たち夫婦が、近くの家々を戸別訪問するときに、ごあいさつの〝しるし〟にお渡しするものとして始めました。B5判両面刷りのささやかなものですが、立教一五七年八月から始めて、今月で第百四十六号を数えます。

毎月お訪ねしますので、いつも同じものというわけにもいかず、社会や身近に起きる時々の出来事をめぐって、一人の信仰者として折々に心に浮かぶことを書き綴《つづ》りました。

もとより、教理を体系立ててお伝えしようと意図したものではありません。むしろ、世界とわが身にお見せいただくさまざまな出来事や、お訪ねする家々の扉《とびら》を開けて垣間《かいま》見るさまざまな人間模様を通して、ともすれば心を倒し、この世の真実を見失ってしまいがちな厳しい現実を前にして、この世がどこまでも親神様の親心あふれる世界であり、教祖《おやさま》はいまもご存命で、世界たすけにお働きくだされているという真実を、昨日も今日も、わが心に確かめながら歩んできた足跡を記してきたような気がします。

「無知で愚《おろ》かな人間に、真理を伝えようと歩いているのですか?」と尋ねられたことがあります。そんなことはありません。むしろ、ほんとうに人をたすける心があるのかと、自らを厳しく問いただし、安楽に流れがちなわが心を奮い立たせながら歩いているのが偽《いつわ》らざるところです。

そんなとぼとぼとした歩みにもかかわらず、月々楽しみにしているとおっしゃってくださる方々にも心励まされ、あの方はどうしておられるだろうかなどと道中語り合いながら、今日も夫婦二人で歩いています。

このたび、この「小新だより」と、かつて『天理時報』に連載したエッセーを、一冊の本にまとめてくださることになりました。

第一章、第三章に収めた各編は、これまでの「小新だより」から選んだもので、内容から二つの章に分けました。

なお、第一章の中で「もう一度話を聞いてみたい」「『ついて来るかい？』」「男女の隔てない」の三編は、雑誌『陽気』（養徳社刊）の立教一六八年九月号に掲載した拙稿「一緒について来るかい？」を三つに分けて、ここに収めました。

第二章に収めた各編は、立教一六四年の時報に「信仰随想」と題して連載したものです。月に一度の掲載ということもあり、移りゆく季節の折々を書き綴りました。

第四章は、立教一六五年に時報に連載したエッセーです。このテーマは「元の理」「かしもの・かりものの理」を背景に、百五十億年にわたる宇宙・地球・生命・人間の歴史について、天理教校附属高校（現・天理教校学園高校）ならびに天理教校第二専修科の若者たちと長年語り合ってきた中で育《はぐく》まれたものです。

いずれも一人の信仰者が歩む拙《つたな》い日々を書き連ねたもので、お恥ずかしい限りですが、ご笑覧いただければ幸いです。

また、一気に書いたものではなく、十年にもわたる年月の折々に書きとめたものですから、いくつか重複するところもありますが、どうかその点はお許しください。

末尾ではありますが、本書の刊行に当たり、お骨折りくださいました欅《けやき》源《げん》三郎《ざぶろう》氏をはじめ、道友社の皆さま方に厚くお礼を申し上げます。また養徳社には、転載のお許しをいただきましたこと、ここにお礼を申し上げます。ありがとうございました。

立教一六九年秋

池　和芳

池 和芳（いけ かずよし）
昭和22年（1947年）、新潟県生まれ。同44年（1969年）、京都大学農学部農芸化学科卒業。同49年（1974年）、京都大学大学院農学研究科博士課程修了。同年、天理教校附属高校教諭。同60年（1985年）、天理教校講師兼務。平成６年（1994年）、天理教新潟大教会長就任。同11年（1999年）、学校法人天理大学監事。同14年（2002年）、天理教道友社文化フォーラム講師。

天《てん》に何《なに》を祈《いの》りますか？

立教169年（2006年） 11月１日 初版第１刷発行

著 者 池《いけ》 和芳《かずよし》

発行所 天理教道友社
〒632-8686 奈良県天理市三島町 271
電話 0743（62）5388
振替 00900-7-10367

TENRIKYO DOYUSHA

印刷所 株式会社天理時報社
〒632-0083 奈良県天理市稲葉町 80

ISBN 4-8073-0515-8
定価はカバーに表示